CUATRO CONFERENCIAS SOBRE

PSICONEUROLOGÍA, MENTE Y ESPIRITU

FERNANDO JIMÉNEZ HERNÁNDEZ-PINZÓN

ÍNDICE

PRIMERA CONFERENCIA

INTELIGENCIA RACIONAL, EMOCIONAL Y ESPIRITUAL

En el título de esta conferencia, el concepto de Inteligencia aparece calificado y completado por tres adjetivos: Inteligencia *Racional*, Inteligencia *Emocional*, Inteligencia *Espiritual*. Estros tres adjetivos recubren y especifican las potencialidades cognitivas del ser humano en el proceso evolutivo de su autorrealización existencial: la *racionalidad* como potencia cognitiva, la *emocionalidad* como potencia cognitiva y la *espiritualidad* como potencia cognitiva. Tres fuentes de experiencias, de conocimientos y de progreso.

Para evitar malentendidos, quiero dejar aclarado, desde ya, que en esta conferencia el término espiritual no se circunscribe al ámbito de lo religioso -de lo espiritual religioso- aunque, por supuesto, tampoco lo excluye.

En nuestro idioma, el lexema *espiritual,* y *lo espiritual, espiritualidad,* lo tenemos prácticamente exclusivizado en el campo semántico de lo religioso. Identificamos lo espiritual con lo religioso y, muchas veces, con los aspectos menos simpatotónicos de lo religioso: espiritual como sinónimo de beato, capillita, mojigato, alguien que vive fuera de la realidad, un "bendito" o una "bendita", en un limbo de iglesias, santos, medallas y procesiones.

En esta conferencia, considero lo espiritual, y espero demostrarlo, como una dimensión de la psique, un componente mental de nuestra sustancia humana, un espacio de realización personal y de perfeccionamiento psíquico, para el logro de la felicidad. Lo cual es totalmente válido, incluso necesario, tanto para quienes tienen creencias y vivencias religiosas como para quienes no las tienen. Pero todo esto lo explicaremos en la segunda parte de la conferencia.

Ahora quedaros con esto: el *espíritu* lo vamos a considerar como una dimensión de la mente humana, una dimensión de la psique del *homo sapiens* (del cual todas las personas que estamos aquí somos representantes cualificados). El ámbito espiritual considerado como un ático en nuestro edificio personal que nos abre a horizontes insospechados, habitable para toda persona que se proponga habitarlo y disfrutarlo, pero que, desafortunadamente, para muchas personas permanece cerrado, inhabitado, incluso ignorado y desconocido. Como he dicho, esto lo desarrollaremos más adelante. Pero ahora voy a añadir una consideración antropológica:

La palabra *hombre*, como significante verbal para designar al ser humano, etimológicamente se acuñó desde el término latino *Homo*, que deriva de *humus* que significa tierra: hombre es un ser que procede de la tierra, destacando esta palabra –tierra- su dimensión material, terrenal, intramundana.

Pero, en la anterior cultura griega, se había acuñado para designar al hombre (a la persona humana) el término verbal *antropos,* cuyo significado etimologico es *mirar hacia arriba (ana-zoreo)*: el hombre es ese animal que levanta la vista hacia lo alto, que eleva la mirada a las alturas , que la transciende y·*se transciende* (se eleva por encima de las cosas, asuntos y problemas de cada día).

Los dos términos integran y suponen la Inteligencia: el conocimiento humano, y limitado, de la realidad (de una realidad no siempre bien iluminada, ni siempre suficientemente iluminada, pero que puede llegar a iluminarse con luces transcendentes).

Vamos ahora a intentar definir y clarificar el primer término verbal que compone el título de esta conferencia, el

11

de Inteligencia. Doy la definición que he preparado: La Inteligencia es la facultad que nos abre al conocimiento de la realidad circundante y de la realidad intra-corporal, y que organiza nuestra capacidad de *adaptarnos a ella* (a la doble realidad), y de *adaptarla* a nosotros: transformándola, re-creándola y disfrutándola.

Desde el punto de vista *filogenético*, la Inteligencia es una facultad que aparece, que emerge, en estados evolutivos superiores de la vida animal, convirtiéndola en una especie nueva: El *animal rationalis* de Aristóteles, para quien la *racionalidad* es la característica especial que nos califica como "inteligentes".

En principio, la Inteligencia, esta facultad constitutiva del ser racional -del *homo sapiens*- es fundamentalmente un *instrumento de supervivencia*. En estados evolutivos anteriores, el impulso progresivo de la vida desarrolló las fauces al león, para defenderse y sobrevivir, igual que los colmillos al elefante y las garras al leopardo, o el veneno a la serpiente, o las patas veloces a los caballos para huir de los peligros: herramientas elementales de supervivencia. (Me acuerdo de una película antigua , en la que ella le reprochaba a su pareja su mal carácter, sus desagradables respuestas, y él le contesta: "Cuando el calamar echa la tinta, no lo hace para fastidiar sino para defenderse"). Sí, el animal se defiende así, pero el racional cuenta con otras herramientas para defenderse, y cuando echamos la tinta a la cara estamos regresando en la escala filogenética a la condición animal, y por supuesto no estamos actuando razonablemente).

Pues con ese mismo fin defensivo y auto-defensivo se desarrolló la *Inteligencia* en ese ser animal en evolución. Y que gracias a ella, a la Inteligencia, ese animal en evolución se constituyó en especie distinta, la especie del *homo sapiens*, la especie humano-espiritual: para sobrevivir; pero reconduciendo la fuerza del instinto hacia ese objetivo, no sólo adaptándose al medio, sino descubriéndolo, conociéndolo, mejorándolo y habilitándolo con el fin de que el medio se adapte a él, al homo sapiens: a sus necesidades y sus proyectos. Es decir, sobrevivir perfeccionándose, superándose, elevándose y auto-realizándose... O, dicho de otro modo, siendo feliz.

Hay un nivel previo de auto-realización, un nivel precognitivo donde la vida humana se realiza en la supervivencia, pero donde la captación y comprobación de la realidad circundante, resulta del *instinto,* de la *potencia de*

13

instinto. Es , como digo, un conocimiento rudimentario, elemental, irracional: el instinto me lleva a conocer que allí -en ese mundo exterior que mis sentidos perciben- hay algo que es bueno para mí o algo que necesito evitar o rechazar: así proceden los animales, y también los bebés en sus primeros momentos de existencia (para quienes lo bueno a conseguir es el pecho nutritivo de la madre al que el bebé busca y se adhiere instintivamente).

Y para esa finalidad de, no solo sobrevivir, sino de vivir mejor y progresar, emergió la *Inteligencia*, con la capacidad de pensar y de recordar; con la capacidad de anticipar los resultados de nuestras acciones, y de aprender de los errores, y de crear recursos que nos prolonguen en fuerzas más allá de nuestras fuerzas corporales; con la capacidad de elegir los medios más adecuados a nuestros fines, y de triunfar sobre los obstáculos y de lograr los propósitos y la intenciones... Toda estas son las facultades de la Inteligencia.

Voy a añadir unas palabras sobre la etimología del término: Etimológicamente la palabra Inteligencia tiene dos acepciones: *Intus légere* y *inter-eligere.*

Intus légere: La Inteligencia te capacita para *leer por dentro*, no quedarte en las apariencias ni en lo superficial, descubrir las posibilidades y lo que se oculta, llegar a la Verdad... Sabéis que *verdad* en griego es *Alexeia*: descubrir lo oculto, desvelarlo: *Intus-legere*. Inteligencia y Verdad se inter-refieren recíprocamente.

Y como el concepto de Verdad, según los filósofos escolásticos, es intercambiable con el de Bondad, y con el de Belleza y con el de Totalidad (*Unum, Verum, Bonum et Pulchrum*) pues resulta que el animal humano esta llamado, estamos llamados cada uno de nosotros:

-*Cognoscitivamente*, intelectualmente, a la *Verdad*

-*Éticamente*, a la *Bondad*,

-*Estéticamente*, a la *Belleza* (hacer de uno mismo una obra de Arte, como lo preconizaba el filósofo Kant y hacer del mundo que nos rodea una obra de arte y disfrutarla), y

-*Social* y *existencialmente* el animal humano está llamado a la *Totalidad*, a la integración cósmica, a la hermandad universal, a la solidaridad global, en definitiva a la Transcendencia, a la Espiritualidad, al *Punto Omega* de Theillard de Chardin, Totalidad que integra Bondad, Verdad y Belleza.

Pero dije que había otra acepción etimológica del término verbal Inteligencia, que es la de *inter-eligere*: elegir entre posibilidades; calcular, medir, actuar, esperar, renunciar; prever y anticipar las consecuencias de las elecciones, el "vértigo de las posibilidades" (de ahí el "Miedo a la libertad" que fue un libro de Erich Fromm, de enorme impacto en la mitad del siglo pasado).

En definitiva, la Inteligencia es la facultad de *ser libres*, libres para elegir y crear; y *responsables* de nuestros compromisos, creaciones y elecciones.

Es, por lo tanto, la Inteligencia una facultad de realización personal, no solamente de supervivencia, reitero; lo cual nos diferenció a los humanos también entre nosotros: porque ninguno somos iguales ni rendimos los mismos resultados; lo que nos llevó a establecer entre las personas una distinción maniquea entre "inteligentes" y "no inteligentes": las *personas inteligentes* sirven para los estudios, los puestos de mando en las empresas, los cargos públicos y políticos... y las *personas no inteligentes* se dedicaban a las labores de servicio.

Pero esta apreciación injusta y superficial daba lugar a muchas confusiones y sorpresas: por ejemplo, cuando una persona que habíamos considerado *no inteligente* realiza logros y alcanza niveles, en el trabajo o en la vida social, o en las finanzas o en el arte, por encima de los "inteligentes"). Y además, cómo se mide esa capacidad: porque entre "los inteligentes" los habrá de mayor o menor inteligencia, y entre "los no inteligentes" habrá quienes son más y quienes son menos...

Bueno, pues para solucionar esto, al principio del siglo pasado, un psicólogo y pedagogo francés, llamado Alfred Binet, aficionado al ajedrez, junto con otro colega llamado Simon, idearon y elaboraron técnicamente el primer test para "medir la inteligencia". Pero está claro que la Inteligencia es una facultad mental, inmaterial, que no se puede medir, por lo que el test lo que pretendía era *cuantificar*, valiéndose de unas pruebas sistematizadas, los resultados inteligentes (no tratan estos test de *medir* la inteligencia, sino de *cuantificar* sus resultados). Propusieron una serie de problemas (numéricos, lingüísticos, de situaciones, de razonamientos...) a los que había que aplicar los conocimientos y la razón para resolverlos. Quienes solucionaban más y más rápidamente, dentro de un tiempo limitado, se calificaban como más inteligente. Y crearon un concepto, con la sigla EM, el concepto de *edad mental,* en comparación, en más o menos, con la edad cronológica.

Este procedimiento de medición lo completó años después, hacia 1912, un psicólogo alemán, Whilhem Stern, que elabora un nuevo concepto, con la sigla IQ, en nuestro idioma CI, Cociente Intelectual, que resulta de dividir la Edad Mental por la Edad Cronológica. El número resultante sirve para clasificar numéricamente la capacidad intelectual de cada persona examinada: los más inteligentes que dan más de 120; los que dan menos de cien que bordean la normalidad; los deficientes, los superdotados, etc...

Con estos criterios se seleccionaban personas para puestos de trabajo, para cargos de dirección en empresas, para oficiales del Ejercito, o para realizar o no estudios superiores.

Vean que son criterios fundados en los aspectos cognitivos y racionales de la Inteligencia. Tanto que el concepto fundamental de referencia es el de *Inteligencia Racional.* Se consideraba que las personas con un índice más alto de Inteligencia Racional darían mejores resultados en la vida, en cualquiera de sus ocupaciones, y merecían que se les proporcionaran mejores oportunidades: estudios, becas, sueldos, puestos de trabajo, y elogios y admiración de parte de los demás.

Este criterio, como saben (y quizás incluso muchos habéis comprobado) ha proporcionado también muchos chascos: personas que habían respondido peor a las pruebas, después se adaptaban mejor al trabajo y a la vida, o resultaban más eficientes, o más creativos, o más aceptadas por los directivos o por los subordinados, etc.

Entonces, casi al final del siglo pasado, hacia 1988, se produjo un boom editorial cuando un psicólogo, profesor de la Universidad de Harvard, Howard Gadner, publicó su investigación sobre las "Inteligencias Múltiples", que "revolucionó" el concepto de inteligencia y los modos de valorarla (en España se conoció diez años después, pero incluso se le concedió a Gadner el Premio Príncipe de Asturias de las Humanidades).

Sus investigaciones le llevaron a "descubrir" (lo digo también entre comillas) que no tenemos los humanos una sola inteligencia que se pueda aplicar a todo -la Inteligencia Racional-, sino que existen ocho modalidades de inteligencia

19

(según Gadner). Con lo que se comprueba que "quien no es inteligente" para una cosa, o en una rama del saber y del actuar, no significa que no lo pueda ser para otras... : Estas modalidades son: La inteligencia *lingüística,* la *numérico-matemática,* la *musical,* la *corporal-kinestésica* (el ejercicio del deporte, por ejemplo requiere de esta inteligencia especializada), la *espacial,* la *naturalista,* la *intrapersonal* (que confirma lo que tan sabiamente había sentenciado Sócrates con el *nosce te impsum,* que la verdadera sabiduría es el conocimiento de uno mismo: es esa capacidad de entrar en diálogo con nuestro mundo interior que nos permite descubrir los mensajes y las claves profundas para conocernos mejor y facilitarnos el crecimiento personal.) y la inteligencia *interpersonal.*

Esto nos lleva a cambiar nuestro concepto valorativo de las personas, y de nosotros mismos. Siempre recuerdo aquel dicho irónico del superinteligente científico Einstein: "Todos somos ignorantes, lo que pasa es que ignoramos cosas distintas". A la inversa: todos somos inteligentes, pero cada persona lo es sobre todo en su modalidad.

Vamos a dar un paso más: En 1996, pocos años después del libro anterior, se publica otro libro, *La Inteligencia Emocional*, del psicólogo americano Daniel Goleman, que tiene la suerte de que la revista TIME lo recoge y lo convierte en best-seller mundial. Lo que viene a decir Goleman con ese nuevo concepto de *Inteligencia Emocional* también era sabido. Ya lo había sentenciado el *Principito* de Saint Exupery: que *"no conocemos sino con el corazón, la verdad es invisible a los ojos"*; antes lo había dicho otro francés Blas Pascal, con aquel aforismo: *"El corazón tiene razones que la razón no comprende"*; y nuestro filósofo español Xavier Zubiri del siglo pasado había elaborado el concepto de *Inteligencia Sentiente*. Y además quiero recordar de mis viejos estudios de Filosofía que ya los filósofos escolásticos hablaban de "conocimiento sensitivo" y "conocimiento *per sympathiam facultatum*": es decir, que ya pensaban y creían que el conocimiento racional requiere y se completa con ciertas afinidades emocionales y sensitivas.

Pero no cabe duda que la aportación de Goleman y su pensamiento ha sido una aportación importante y oportuna: *Inteligencia Emocional* como capacidad de controlar y organizar las emociones para que nos proporcionen una más completa experiencia cognitiva de nuestros conocimientos, y para que no interfieran en nuestro camino hacia nuestros objetivos y, sobre todo, para que sepamos gestionarlas, gestionar nuestra emociones, de modo que se encaminen y nos conduzcan objetivo final que todos pretendemos que es el de la Felicidad, ser felices, el anhelo permanente y único de todo ser humano en la existencia. Ya Séneca en *"De vita beata"* lo había afirmado: *Vivere, Gallio frater, omnes beate volunt"*. Lo que le dice al hermano Gallio es que todos queremos vivir felices. Y para conseguir eso, es necesario saber gestionar las emociones, no nos vayan a aguar la fiesta, y no nos hagan zozobrar entre sus oleajes, ni nos arrastren en su impetuosa corriente.

Para dar a entender mejor este concepto de Inteligencia Emocional suelo utilizar la metáfora del surfista que va moviendo inteligentemente la vela de su *wind-surf,* de modo que recoja y aproveche la fuerza del viento, sin dejarse arrastrar, derribar o zozobrar en el oleaje: así la inteligencia emocional aprovecha en su beneficio la fuerza del ímpetu de las emociones y las va controlando y administrando para no dejarse dominar o sucumbir en el tumulto de sus olas y de sus mareas.   Del mismo modo propongo a veces la metáfora del *Velero*: el gobernante del velero, el cibernetes , va controlando las velas y sosteniendo el timón, para que el velero pueda seguir su ruta y alcanzar sus objetivos, haciendo frente a los escollos y las tempestades, y valiéndose del empuje impetuoso del viento.

Pero sobre todo me gusta recordar el Mito de *Carro Alado* de PLATON porque, a mi modo de ver, simboliza mejor que ningún otro ejemplo lo que se entiende por *inteligencia emocional*: El auriga, que representa a la *Inteligencia,* a la Razón, dirige a su *caballo blanco* (que representa a las *emociones*) y a su caballo negro (que son los *instintos,* los impulsos animales del ser humano), hacía su propio objetivo en la vida para la realización completa de la persona como ser libre, completo, maduro, inteligente y feliz.

La *Inteligencia* es la función mental que sabe y decide –como lo hace el auriga- a dónde quiere llegar, y que, para lograrlo, regula, dirige, gestiona y controla las *emociones* y los *instintos*, con el fin de mantenerse firme en el camino que le conduce a alcanzar *los propios objetivos vitales*. Y así es como se realiza el ser humano el Libertad: eligiendo libremente sus objetivos, y *liberándose* de las fuerzas interiores que le impedirían o lo interferiría en su consecución.

Aprovecho para recordar que la emociones fundamentales no son más que siete, y que de estas se derivan todas las demás:

alegría (que se expresa en bienestar, júbilo, entusiasmo…), *pena* (tristeza, disgusto, depresión…), *amor* (cariño, ternura, apego, compasión…), *odio* (aversión, rechazo, antipatía, envidia..), *ira* (enfado, rabia, cólera, agresividad…), *culpa* (remordimiento, vergüenza...) y *miedo* (temores, timidez, retraimiento…)

Y nos conviene saber, para el buen uso de la Inteligencia Emocional, que:

1. Todas son *necesarias para que vivamos la vida con felicidad.*

2. Todas *tienen un motivo,* y es necesario descubrir por qué emerge esa emoción o sentimiento. Por qué emergen en, ocasionalmente o frecuentemente, en uno mismo y en las otras personas la ira, el miedo, la culpa...

3. Que, para vivir la vida y crecer y progresar en la vida, es necesario *conocerlas, en nosotros y en los demás, y saberlas controlar y superar cuando pueden ser perjudiciales y tóxicas para otros y para nosotros.*

Mi larga actividad como psicoterapeuta me ha brindado la oportunidad de observar cómo cada persona configura sus emociones y sus estados emocionales, cómo va expresando, sorteando y amasando, a través de toda su trayectoria vital, sus emociones predominantes. Y que es de ellas, de estas emociones, es de donde surgen muchas de las respuestas singulares, las propias de cada persona, a los estímulos que recibe, y que, en consecuencia, son los que perfilan ese "carácter" que las hace únicas y especiales. Todos hemos conocido a personas de carácter generoso cuyo sentimiento característico puede ser la *admiración* valorativa de las demás, mientras que en otra persona su emoción dominante es la *envidia*, o la *emulación* competitiva, o la *rivalidad*, o el *menosprecio* altanero de todo lo que no es lo suyo. En otras personas opera con predominio la *pena* compasiva hacia otros o hacia sí mismo, o la *cólera*, se enfadan por todo, o la *culpabilidad* atosigante, o la *angustia,* o la *ambición,* o la *alegría* permanente....

Sin embargo, aunque cada persona experimente sus emociones características, todo experimentamos, según las ocasiones, toda la gama de las emociones, ya que son como "pilotos" automáticos de nuestro "aparato" interior, que señalizan nuestro camino existencial. Por ejemplo, el "piloto" *miedo* estimula la actitud de precaución, o aconseja la evitación ante un posible mal inminente; la *esperanza* alienta el deseo hacia la consecución de un bien posible sin desfallecer por los obstáculos; la *desesperanza* opera como afecto disuasivo, ante la imposibilidad de superar los obstáculos, para no malgastar energías orgánicas en un esfuerzo que sería inútil; la *ilusión* moviliza energías biológicas para acelerar el paso hacia la posesión del bien previsto, el *amor* concentra las energías para la conservación definitiva de ese bien poseído, la *aversión (repugnancia, odio, antipatía)* aconseja el desprendimiento o la retirada de lo que es o se está convirtiendo en un mal amenazante, la *cólera* dispone las energías vitales y las acrecienta para la superación, enfrentamiento o destrucción de los obstáculos; la *tristeza* supone la toma de consciencia de la dimensión del bien perdido, o de la presencia inevitable de un mal, para disponer el ánimo hacia la reorganización del psiquismo en una reposición de bienes posibles o de superación de la situación actualmente dolorosa; la *alegría* es la expresión afectiva de la posesión de un bien o de su posibilidad esperanzada de alcanzarlo...

Por esto es por lo que nunca hemos de considerar que estas siete *emociones* primarias puedan ser malas en sí mismas, ni dañinas para el bienestar y el equilibrio psicológico: *el miedo, la pena, la alegría, la rabia, el displacer, el amor, la aversión*...son movimientos psíquicos necesarios y benéficos para el equilibrio de la mente y para la orientación vital de la persona en la existencia, lo mismo que los fenómenos de la naturaleza son necesarios para el equilibrio cósmico: frío, calor, lluvia, tormentas, vientos, tempestades... La palabra *"emoción"* deriva del latín *"e-movere"* , en cuanto que las emociones son como *movimientos* del espíritu para nuestra conducción adecuada entre los complicados vericuetos de la vida. A través de todos estos vericuetos emocionales, pasa renovadamente, a lo largo de toda la vida individual, la pujanza anhelante de nuestro instinto y el deseo ilusionado de vivirla en plenitud. Pero pasan dirigidos y guiados por nuestra Inteligencia Emocional, como Auriga que controla y regula a los dos caballos: al que lleva el ímpetu de los instintos, y al que lleva el tumulto de las emociones.

Ahora quiero haceros notar y subrayar varias consideraciones, mi decálogo para el buen ejercicio de la Inteligencia Emocional:

1ª Que la actuación menos inteligente que puedo adoptar como ser humano es la de *hacer a otra persona culpable y responsable* de los estados emocionales por lo que me sale mal o no me gusta, por muchos errores que también la otra persona haya podido cometer. Y *menos inteligente es autojustificarse, hacerme la víctima* o decir y creer que soy víctima de alguien.

2ª Que el equilibrio y la madurez a nivel psicológico solo la puedo lograr con la capacidad -que potencialmente tenemos todas las personas- de *tomar las riendas de mi propia vida,* manejando mis propias reacciones emocionales y actuando *de manera flexible* ante las exigencias y problemas de la vida diaria.

3ª Que la persona emocionalmente inteligente es querida y aceptada por los demás porque sabe andar hacia adelante sin sentirse *fracasada,* a pesar de sus inevitables errores, y porque sabe además *estar contenta consigo misma,* a pesar de sus limitaciones de sus fallos pero enderezándose tras sus tropiezos (eso es lo que se llama *resiliencia), sin necesidad de echar la culpa* a *otra persona.*

4ª Que la persona inteligente *es consciente de su fortaleza interior, de sus habilidades, capacidades, cualidades...* pero también de sus *debilidades,* de las cuales *no tiene que sentirse culpable,* pero *sí, haciéndose responsable de ellas,* de sus debilidades y sus fallos, cuando interfieren negativamente en sus actuaciones y comportamiento y han podido ser perjudiciales para otras personas.

5ª Que la persona emocionalmente inteligente *se entrega de manera auténtica y generosa* (no egoísta) a los seres queridos, pero *sin establecer lazos de sumisión y de dependencia,* y menos aún de *acaparamiento y dominancia.*

6ª La persona emocionalmente inteligente es *asertiva* a la hora de expresar sus sentimientos y sus convicciones, pero al mismo tiempo sabe ser *empática* para comprender y aceptar los sentimientos y estados de ánimo de las otras personas, y la conveniencia o la oportunidad de expresar en un momento dado esas convicciones y sentimientos.

7ª La persona emocionalmente inteligente sabe *mantener la serenidad*, y a la vez sabe *involucrarse activamente* y comprometerse en acciones que le llevarán a conseguir sus metas y objetivos, azuzar a los caballos pero sosteniendo las riendas; siempre desde expectativas realistas y alcanzables, acordes y congruentes con su ser. Esta búsqueda no está concentrada en sí, sino que *también involucra y favorece a otras personas,* superando el orgulloso Narcisismo y encauzando su interés hacia una *productividad favorable* y benéfica para otras personas.

8ª La persona emocionalmente inteligente podrá estar a veces triste, frustrada, contrariada, o enfadada; habrá situaciones en las que sienta miedo, soledad, ansiedad e incluso tristeza auténtica; pero tomará las medidas adecuadas y buscará las ayudas necesarias para salir de tales situaciones y circunstancias *sin aprovecharlas para acusar a nadie (ni a la pareja, ni a la sociedad, ni a Dios y la Iglesia) y autojustificarse exhibiendo su propia "desgracia" (que eso es masoquismo).*

9ª La persona emocionalmente inteligente sabe que cualquier adversidad puede convertirse en una *oportunidad.* Y hace suyo lo que se ha dicho muchas veces y ahora voy a formularlo tal como lo leí en un artículo de Rosa Montero titulado *La carambola de la felicidad: "Un mal momento, un dolor o un disgusto pueden ser el comienzo de la carambola de la felicidad".* Sabiendo, como dice nuestro refrán, que cuando una puerta se nos cierra, se nos pueden abrir muchas ventanas...

10ª La persona emocionalmente inteligente sabe que la vida no esta hecha para satisfacer todas mis aspiraciones subjetivas, que *el dolor y las adversidades advienen sin que podamos evitarlo,* que en la navegación por los mares de la vida hay días de calma y días de tormenta, para todo el mundo (muchas veces oímos *"todo lo malo me tiene que pasar a mí",* pero no es verdad: lo que te pasa hoy a ti mañana me pasa a mí, o al vecino de enfrente) pero que lo importante y lo inteligente es mantener el rumbo en la nave avanzando hacia delante, a pesar de los obstáculos y adversidades ; y teniendo muy en cuenta que el *sufrimiento,* "estar siempre sufriendo y quejándonos por todo lo malo que me pasa", es *optativo,* que lo tenemos y lo mantenemos porque, de modo más o menos conscientes, decidimos tenerlos o mantenerlos y sacar algún provecho secreto de ellos. Leí una vez una frase que ahora me viene a la memoria, estimulante en su simplicidad: *"Existen algunos pocos seres superiores y fuertes que han optado por sentirse libres de irritarse y amargarse por las contrariedades cotidianas de la vida."*

Y quiero recordaros también lo que se decía en la película "Tierras de Penumbra": *"La felicidad de ahora es parte del dolor de entonces".* Y lo contrario también: *"El dolor de ahora va a ser parte de la felicidad de mañana".*

Este es mi decálogo de la Inteligencia Emocional.

Bueno, creo que queda claro que el objetivo de la vida en los humanos no es lograr la *supervivencia,* sino lograr la *felicidad.* Y que para eso se nos dotó de ese instrumento mental que es la Inteligencia. El objetivo de la vida es su realización más plena de mí mismo en ella. Y que en esto consiste, por lo menos en gran parte, la Felicidad. De lo que concluyo que la persona verdaderamente inteligente, no es quien cuantifica mejor sus resultados en pruebas de inteligencia lingüística, o matemática, o espacial o personal o interpersonal..., sino quien encamina su vida hacia el objetivo racional, emocional y espiritual de la Felicidad.

Para eso es necesario que el ser humano, ese "pobre hombrecillo" que describió Wilhem Reich, siga progresando, avanzando y superándose en su camino de crecimiento existencial, hasta la esfera del Espíritu, al punto Omega de su auto-realización y de su compromiso existencial: que arribe con sus naves, o con sus caballos instintuales y emocionales, a ese territorio descubierto del Espíritu, que es puente entre la inmanencia y la trascendencia, donde para los creyentes, el Jesús histórico anunciado por los profetas es el paradigma de auto-realización; y el espacio mental donde cualquier ser humano, creyente o no creyente, enriquece y completa su capacidad de conocimiento, y su vivencia de la realidad, y su experiencia de la Vida, con el cultivo y el desarrollo de la Inteligencia Espiritual.

Esta es también la esfera de la creatividad, del Arte y de la Poesía y, por supuesto también, la esfera de la Fe y de la religiosidad, que suponen y significan, desde estos niveles del espíritu, un salto transcendente, culminador de la capacidad del conocimiento humano. La Fe es, humanamente hablando, una modalidad de conocimiento, apacentado en la Inteligencia Emocional, que te lleva a conocer, a confiar y amar, incluso la Verdad que no se ve, la Verdad, que es Bondad y Belleza y Totalidad, que son inabarcables por los sentidos, ni llegan a captarla las antenas noéticas de la razón.

Para algunos filósofos existen dos tipos de conocimiento: El conocimiento *Contemplativo* y el conocimiento *Epifánico*.

Por el conocimiento *Contemplativo*, el ser humano conoce la realidad porque la encuentra, la ve o la percibe, lo abarca con los sentidos; y la analiza, la desmenuza y la entiende, gracias a la función de *Intus legere* de su Inteligencia Racional; y la asimila, la con-prende, la acepta o la rechaza en función de su Inteligencia Emocional.

En el otro modo de conocimiento, el *Epifánico*, la realidad se te revela, se ilumina ante tus ojos y te los ilumina, se con-penetra contigo y se hace sustancia de tu vida, revelándole a la vida nuevos sentidos, descubriéndole su más auténtico sentido. Esa es la función de tu Inteligencia Espiritual. Es la inteligencia y la capacidad de conocer propio de las personas iluminadas, artistas, poetas y místicos (con creencias religiosas o sin creencias), de quienes que han puesto su aposento en ese ático del edificio personal, donde el hombre se hace *antropos* que alza la vista y mira al cielo y a los horizontes infinitos.

Quizás sea también así ese *conocimiento interior* del que habla san Ignacio en los *Ejercicios Espirituales*, quien también dice que *"no es el mucho saber lo que sacia y satisface al ánima, sino el sentir y gustar de las cosas internamente"*. Y para ello va proponiendo ejercicios escalonados hasta culminar en la *Contemplación para alcanzar amor.*

Es transcender el ego, es amar y entregarme a algo que se me revela como bien en sí, belleza o verdad o amor o expansión en totalidad, que es un bien en si, no porque sea un bien para mi yo, mi ego, o me reporte alguna utilidad. Es amor gratuito y total.

En estas altas regiones del Espíritu el término *"conocimiento"* y el verbo *"conocer"* adquieren un

35

significado de *compenetración* o de *interpenetración* con lo conocido: lo conocido queda *abarcado, incorporado* o *fundido* en una experiencia de encuentro para la que no existe otro significante sinonímico que el que abarca, en su plenitud de significación, la palabra *Amor*. Y es que, cuando nos alojamos allí, en esa región del Espíritu, la experiencia humana de *conocer* se compenetra con la experiencia más plena del *amor*.

No he visto una ejemplificación más explícita de este fenómeno de auto-realización humana, por la compenetración en el conocimiento que es amor y el amor que es conocimiento, que la de unos versos de San Juan de la Cruz, en los que se revela un encuentro y donde, metafóricamente, *"en una noche oscura"*, la noche de la Inteligencia Racional, queda iluminada por la alborada de la luz epifánica espiritual, en la compenetración del amor: *"Oh noche que guiaste / oh noche amable más que la alborada, / oh noche que juntaste / amado con amada, / amada en el amado transformada"*.

Pero todo esto sin dejar de ser lo que somos, sin pensar que tenemos que convertirnos en unos seres especiales, unos super-seres o unos supermanes del Espíritu. El ser humano que escribió esos versos fue un hombre sencillo, fraile pequeñito de estatura, que andaba por caminos, se sentaba a descansar sobre una piedra, sufrió cárceles, padeció tristezas y miedo, realizaba tareas propias de su profesión, barría su celda, remendaba su ropa y se lavaba las manos antes de comer... Igual que cualquiera de nosotros.

Para terminar quiero leer otro poema de amor, en el que el componente sexual del poderoso instinto del animal humano, su instinto más primario y primitivo culmina en la esfera del Espíritu con la experiencia de un amor en plenitud, descubierto, iluminado y regulado por la Inteligencia Espiritual:

Y es quizás a esa plenitud adonde llegan los místicos y los poetas, adónde había logrado llegar un poeta, Miguel Hernández , en aquellos versos de amor a su esposa, escritos desde la lúgubre luz de la celda de una cárcel, pero con la vista alzada a las esferas del Espíritu, iluminado con la luz de la Inteligencia Espiritual : *"...Besándonos tu y yo se besan nuestros muertos, / se besan los primeros pobladores del mundo..."*.

SEGUNDA CONFERENCIA

NEUROESPIRITUALIDAD Y FE RELIGIOSA

Está de mucha actualidad y de mucha expansión el interés por los estudios del cerebro humano, de la Neurología y la Neurociencia, y el oleaje ha llegado al campo de la Psicología: el interés por la neuropsicología, y dentro de este territorio de la neurología y la neuropsicología es ya frecuente oír hablar de *Neuro-espiritualidad.*

El término verbal *Neuro-espiritualidad* quiere dar a entender que nuestro cerebro, tiene la capacidad de generar experiencias a nivel de esa otra región de la psique -ahora también de mucho interés y actualidad- que se llama *El Espíritu:* todas las experiencias de sensaciones, de emociones, de percepciones, de revelaciones que son transcendentes, espirituales, transpersonales, mágicas, numinosas, místicas..., incluso las que pueden llamarse divinas y de fe religiosa.

Y desde los estudios neurológicos y neuropsicológicos en los que -de entrada- nos ocupamos, está demostrado y sabemos que estas experiencias se producen cuando se

41

excitan y se hiperactivan ciertas estructuras cerebrales que pertenecen a lo que en neurología se llama *sistema límbico o cerebro emocional* en conexión especial con e*l lóbulo prefrontal derecho* del *neocortex*.

Voy a seguir los planteamientos generales del Profesor Francisco Silva, catedrático de la Universidad Complutense, cuyos escritos he tenido la oportunidad de leer, y con él diré que estos fenómenos excepcionales son conocidos y están registrados desde hace tiempo por el estudio de la *epilepsia* (que es una enfermedad o una *reacción neurológica*) y sobre todo cuando la Epilepsia se manifiesta en relación a afecciones del *lóbulo temporal* de una o de las dos partes del cerebro. De esto hablaré más adelante. Ahora quiero decir que, en la actualidad, como resultado de las investigaciones en Neurología, se ha confirmado que las estructuras límbicos del cerebro, cuando se activan, sea por estimulación eléctrica o por estimulación magnética transcraneal, son capaces de producir un tipo de experiencias que podemos llamar transcendentes, espirituales o místicas. Es decir, reacciones, sensaciones y experiencias que se originan, o que se registran, en lo que vamos a denominar *Nivel Espiritual de la mente*.

Estos hechos ponen en cuestión la división antinómica que tradicionalmente se solía hacer entre *Materia* y *Espíritu*: ¿es correcta esta contraposición entre la materia y el espíritu, (al menos por lo que respecta a las funciones del cerebro)?. ¿Son dos realidades opuestas, la materia y el espíritu, son contrapuestas, distintas, divergentes? ¿O son dos aspectos, dos funciones o dos emanaciones de una misma realidad que se llama *Cerebro*?.

Por ahora no respondo a estas cuestiones, porque se irá respondiendo progresivamente durante la conferencia, pero mantengo esta hipótesis de entrada: Que *la materia cerebral puede generar espiritualidad*, que *nuestro cerebro está capacitado para producir espiritualidad*. El poeta Juan Ramón Jiménez ya dijo en uno de sus aforismos: "Doctor Marañón (el Doctor Marañón era a principios del siglo pasado un famoso especialista en endocrinología) *"Doctor Marañón: yo tengo una glándula que segrega infinito..."*. Y esto que escribió Juan Ramón nos lo confirman tantos artistas, poetas, músicos, descubridores... capaces de experimentar y de generar un goce que roza lo sublime: el "placer infinito", el éxtasis...

Así son también las llamadas *visiones*: percepciones de realidades "inefables", que transcienden la percepción habitual de las cosas y de las realidades materiales. A veces estas visiones, estas percepciones extraordinarias, nos las revelan ciertas personas visionarias, o personas que están estimuladas por drogas especiales (de las que luego hablaremos). Y también nos las trasmiten, como ya he dicho, los artistas a través de sus obras, o los místicos y los santos, como San Juan de la Cruz, según nos dice en una de sus *Coplas: "Entreme donde no supe / y quedeme no sabiendo / toda ciencia trascendiendo"*.

Porque esta capacidad de nuestro cerebro de generar transcendencia y espiritualidad es lo que explica las posibilidades creativas del arte, así como hace comprensibles los relatos de lo que han experimentado ascetas, contemplativos y místicos, en sus encuentros "con la divinidad" o con "las divinidades". Pero, incluso más cercanamente y habitualmente todavía, nos hace comprensible lo que tantas personas confiesan experimentar con la sexualidad, dentro ese estado de inter-estimulación neurológica completa que es la relación sexual, y que culmina en el éxtasis del orgasmo: *"ha sido una experiencia mágica", "inefable", "divina", "entré en éxtasis", "no tengo palabras", "estoy levitando"...,* (Por lo menos así se expresan en las películas y en algunas canciones y novelas).

Cuando hablo de esto me gusta aportar un par de poemas de amor, en el que el componente sexual del poderoso instinto del animal humano, su instinto más primario y primitivo, culmina en la esfera del Espíritu con la experiencia de un amor en plenitud, descubierto, iluminado, sorprendido y sublime. Por ejemplo, este poema de la poetisa catalana Clara Janés:

"Desplegó una sábana azul / que abarcaba los ocho cielos / salpicado de oro de los astros / y me envolvió, y a sí mismo, en ella. / Y como el entero firmamento me abrazó./ Y se adentró en mi vida, / y en aquella noche / la deshojó hasta la tersura del alba. / Con el tacto del más leve pétalo / dobló su cabeza en mi cuello. / Sus bucles negros / emitían un aroma de abismo".

Tengo aquí también otro poema de Juan Ramón (también citado por mí en otras conferencias) de su libro *Diario de un poeta reciencasado*: *"Cuando, dormida tú, me echo en tu alma, / y escucho, con mi oído en tu pecho desnudo, / tu corazón tranquilo, me parece / que, en su latir hondo,*

45

sorprendo / el secreto del centro del mundo. / Me parece /que legiones de ángeles, / en caballos celestes /-como cuando, en la alta noche, escuchamos, / sin aliento y el oído en tierra, / trotes distantes que no llegan nunca-, / que legiones de ángeles vienen por ti, / de lejos, -como los Reyes Magos, / al nacimiento eterno de nuestro amor-, / vienen por ti, de lejos, / a traerme, en tu ensueño, / el secreto / del centro del cielo".

Estas experiencias, experiencias que son inenarrables con nuestras palabras habituales (por eso necesitan la expresión lírica), experiencias de climax de goce y de plenitud en el amor, juntas a sentimientos de *infinito* de integración por el amor en el Universo, son las experiencias y los sentimientos en la que culminan estos dos poemas: el de Clara Janés cuando habla de *cielos,* de *firmamentos* y de *abismos*, y el de Juan Ramón, cuando habla de *legiones de ángeles, en caballos celestes astros, y* de *secretos del centro del mundo y del centro del cielo.*

Y los he leído como testimonio de lo que capacidad de nuestro cerebro de generar experiencias transmateriales que nos sitúan en un ámbito distinto y especial, que es esfera de la Espiritualidad, donde transcendemos sobre nuestro ego individual y habitual , y nos fundimos y nos hermanamos con el Amor, la Verdad y la Belleza. *"¿Dónde gozar de la visión tan pura / que hace hermanas las almas y las flores?"*, dice Valle-Inclán en uno de sus poemas.

De lo cual se infiere -por inducción lógica- que los humanos tenemos una tendencia innata a la espiritualidad, desde la cual se accede a un nivel superior y supremo de autorrealización personal, y de perfeccionamiento también de la especie humana. Y que estas son también las experiencias sobre las que se construye todo el edificio de las artes creativas, y los pilares humanos sobre los que se han construido las grandes religiones.

Pero quiero insistir en que Espiritualidad es un concepto más amplio que religión: no existe religión sin espiritualidad, pero sí es posible la espiritualidad sin religión, incluso en movimientos y en instituciones espirituales no religiosas, como son el budismo, el jainismo o el taoísmo. Y también en personas normales, en cualquier persona que se sienta a nuestro lado y que experimenta su estar en la vida integrando las dimensiones del espíritu en su ser, su sentir y su actuar, aunque no sean creyentes de ninguna religión.

Y es por lo que concluyo y estoy de acuerdo en que tenemos una tendencia innata a la espiritualidad generada por estructuras cerebrales y una posibilidad de contemplar la vida y de interpretar el mundo con las luces de la Inteligencia Espiritual, en dimensiones a las que no alcanzan los focos de la Inteligencia Racional.

Sin embargo, no podemos hacer la misma afirmación de la Religión. No está demostrado que tengamos una tendencia innata a la Religión, en cuanto que la religión pertenece a otra esfera de conocimiento y de la experiencia, al "otro costado" (que diría el poeta Juan Ramón Jiménez) inaccesible al conocimiento natural. Lo que sucede es que, en su dimensión humana, en "este costado", el intra-mundano, la Religión es una construcción que se integra y se entrelaza con otros muchos mimbres sociales, psicológicos, cognitivos, educativos y culturales. Y estos sí suponen y conllevan interconexiones neuronales que implican la zona *límbica* del cerebro así como otros muchas funciones de la zona *prefrontal* del *neo-cortex*. En este sentido se puede entender que la religión, en su etimología, derive del verbo latino *religare*, re-ligación, porque liga y religa dos esferas de mundos diversos.

Voy, entonces a centrarme ahora en la espiritualidad como función natural del cerebro. Y, siguiendo al doctor Francisco Silva, voy a decir ahora lo que se explica y se comprende de este fenómeno de la *espiritualidad* por los estudios realizados sobre la patología de la *epilepsia,* sobre todo y especialmente en los casos en los que está afectado el *lóbulo temporal* del cerebro. El lóbulo temporal es especialmente vulnerable a la hiperactividad de las estructuras neuronales que integran esa zona del cerebro, y está comprobado que, cuando muchas células desea zona –del lóbulo temporal- se activan al mismo tiempo, originan una irradiación eléctrica, o electroquímica, que se extiende por otras zonas del cerebro y provoca ausencias, pérdida de conocimiento y convulsiones.

Esas crisis convulsivas suelen ser *generales* o *parciales*; y las parciales pueden ser *simples* o *complejas.*

Las *crisis generales* o generalizadas se conocen porque la hiperactividad neuronal extiende, como ya he dicho, su actividad eléctro-química por otras zonas del cerebro, provocando la pérdida de consciencia las ausencias y las convulsiones epilépticas.

Las *crisis parciales complejas* son aquellas en las que

49

el paciente pierde la consciencia de sus acciones y realiza "automatismos", como masticar sin razón, o rascarse, o realizar otras actividades motoras extrañas y sin sentido, o provocando las ausencias (conocidas por "pequeño mal"), o la reacción impremeditada de fuga...

Y venimos a las *crisis parciales simples*: Estas son las que causan emociones intensas, hasta llegar a las del éxtasis místico,   o a otro tipo de experiencias metafísicas o espirituales. Estas pueden ser, por ejemplo, los estados de trance provocados por *sobre-estimulación límbica*, que exhiben los chamanes o los fakires, o los danzantes místicos, que predicen el futuro o realizan curaciones o revelan secretos...

Se han descrito manifestaciones de la epilepsia en el comportamiento habitual de personas que padecen estas crisis. En concreto una de las modalidades de la epilepsia, que se ha denominado el *Síndrome de Gastaut-Geschwind*, (es un epónimo por el nombre de los neurólogos que lo definieron) se caracteriza por los siguientes síntomas, que también se dan, unos u otros, en otras modalidades de epilepsia:

-Trastornos de la función sexual (generalmente *hiposexualidad*),

-conversiones religiosas súbitas (*hiperreligiosidad*),

50

-*hipergrafía*, así como preocupaciones filosóficas exageradas (a veces sobre la existencia de otros mundos, de ovnis y extraterrestres),

-irritabilidad,

-viscosidad, una tendencia de relación "pegajosa" con otras personas.

He aportado estos datos de la Neurología porque son síntomas que coinciden con muchos de los rasgos que se han descrito entre los místicos de todas las religiones. Se ha dicho en ocasiones que entre las personas que probablemente han padecido esta enfermedad se encuentran Santa Teresa de Jesús, ya que en sus biografías dice que "estuvo varios días en coma y cuando se despertó tenía la lengua hecha pedazos por habérsela mordido".

Quiero subrayar y dejar claro que esto de priva de autenticidad a la experiencia religiosa de Santa Teresa, pero lo que sí puede ser muy posible es que la repercusión de sus experiencias místicas en su sistema límbico y en su lóbulo temporal produjera esa super-activación de las neuronas con irradiación eléctrica sobre otras zonas del cerebro, que hemos descrito como *crisis epilécticas generales*.

También se piensa que se han producido estas alteración o reacciones neuronales en artistas conocidos y en poetas y escritores, como Dostoievsky o van Gogh.

No puedo saber qué garantía tienen estas conclusiones diagnósticas con personas de otras épocas, que no han sido tratadas directamente, sino que son diagnósticadas por lo que se cuenta, o por lo que nos contaron esas mismas personas, o por lo que dejaron escrito. Lo que sí está científicamente probado, por experimentos (como los que se han realizado recientemente, por ejemplo en Canadá) es que la estimulación magnética transcraneal de las estructuras límbicas del lóbulo temporal puede producir en sujetos sanos experiencias tales como alucinaciones o aluminosis: sensación de presencia de otros seres, experiencias espirituales y místicas, en las que los sujetos que las experimentan dicen encontrarse con habitantes de otros mundos, o con difuntos, o con ángeles, o con su padre, o con un antepasado...

También relata el doctor Silva que personas que han estado muy cerca de la muerte, o que han estado clínicamente muertas, (sea por grave enfermedad, o por accidente, o por paro cardíaco), cuando después volvieron a la vida han contado experiencias muy parecidas a las que se producen en la epilepsia del lóbulo temporal.

Y guardan también mucha semejanza estos relatos, de lo experimentado en el borde de la muerte, a los de personas que confiesan haber tenido experiencias místicas: el *asombro estuporoso*, la *inefabilidad* (imposibilidad o dificultad de expresarlas con palabras), sensaciones de paz, de felicidad, de bienaventuranza: o ir por un túnel oscuro en cuyo final ven una luz blanca brillante; o sentirse fuera del cuerpo, flotando y observándose desde lo alto; o la revelación de que se han encontrado con personas fallecidas, o con figuras religiosas o con seres espirituales, o con extraterrestres, y haber hablado con ellos; o haber tenido una especie de visión sintética, como si fuera una película rápida, de toda su propia vida...

Como vengo diciendo, todas estas características son muy similares a las experiencias místicas, religiosas, numinosas, divinas o de trascendencia. Y en todas ellas se pierde el sentido del tiempo y del espacio, y con el matiz característico de ser una experiencia que se vivencia y se experimenta como si hubiera sido más intensamente real que la misma realidad cotidiana... Y esto último también el Dr. Silva

53

lo explica desde la neurología, en cuanto que está en relación con la hiperactividad de una estructura del cerebro emocional llamada la *amígdala* que tiene como función específica la de dar sentido de realidad a los sucesos o estímulos que llegan del entorno. Está comprobado científicamente que hoy se pueden provocar experiencias de este tipo estimulando eléctricamente esas zonas específicas de la corteza cerebral.

Y en relación a los relatos de personas que han estado cercanas a la muerte, hay que decir que no están todavía explicadas en su totalidad. Pero se supone que la falta de oxígeno y la producción aumentada de anhídrido carbónico, que se produce en esas circunstancias límites, hacen que muchas neuronas dejen de funcionar, sobre todo las que tienen un mayor metabolismo que suelen ser neuronas inhibidoras. Lo cual produce una hiperactividad de las estructuras vulnerables del sistema límbico (que son las que se encuentran en el lóbulo temporal), generando los síntomas que hemos descrito.

Las sensaciones de paz, tranquilidad y bienaventuranza está estudiado que se generan porque el cerebro en *situaciones de estrés* hace que las glándulas endocrinas segreguen unas sustancias parecidas a la morfina, las llamadas *endorfinas*, una de cuyas funciones es la de actuar como analgésicos en ejercicios musculares prolongados y exhaustivos, que no podrían realizarse sin ellas por el dolor muscular que producen esos ejercicios. Esto lo han experimentado todos los deportistas, y de ahí el fenómeno por el que los corredores de maratón y otros atletas de alto rendimiento queden enganchados a esos ejercicios, como por una especie de adicción, por el placer que producen. Tengan en cuenta que el nombre de *endorfinas* es una elipsis de *endomorfinas* (es decir: como morfinas intraorgánicas).

A la vista de estos hechos y de los experimentos que he apuntado, algunas personas dudarán de la autenticidad de esas experiencias o de esos fenómenos a los que llamamos místicos, o espirituales, o transpersonales o metafísicos, o transcendentes... Pero racionalmente no hay por qué dudar. Lo son: son fenómenos espirituales, son místicos, son transcendentes, sí, pero se produce dentro de un organismo que tiene sus leyes; leyes por las que reacciona de determinada manera, cuando determinadas estructuras de nuestro cerebro se encuentran superactivadas. En algunos casos a estas experiencias se las ha llamado *estados alterados de consciencia*, y en estos estados se tiene muy constatado (por estudios médicos y neurológicos) que el sujeto entra muchas veces en contacto con supuestos seres espirituales, es decir, seres que están fuera de nuestra realidad material.

(Pero tampoco sería irracional o disparatado pensar, que se produce esa hiperactividad neurológica porque realmente han entrado en contacto con seres que estuvieran fuera de nuestra realidad material... ¿Quién puede decir que no?)

Como testimonio cercano (no puede estar más cercano) os voy a leer un soneto escrito por mí, en un momento de vulnerabilidad emocional, y de supertensión y estrés emocional, tras el fallecimiento de uno de mis hermanos:

Fue una tarde sin cielo, una sombría
mascarada de nubes invernales.
El vendaval crujía tras los cristales
raudales de la lluvia que caía.

El sol que nombró Adán se deslucía,
perdido, entre las nubes, por el cielo.
La noche se cerraba, y en el suelo
la manzana de Eva se pudría...

De pronto fue la luz, la luz primera

que, en su día inaugural, el primer hombre

contemplara dorada en el desierto.

Detrás de mí una voz nombró mi nombre.

Entonces me volví, sabía quien era:

Mi hermano estaba allí, que no había muerto.

Y también está comprobado, que con *técnicas pasivas* se puede entrar en éxtasis. Estas técnicas pueden ser el *aislamiento sensorial*, el *ayuno* prolongado, la *meditación,* incluso el *sufrimiento* autoinfligido por penitencias, o infligido por otras personas, o por circunstancias especiales de dolor y sufrimiento. Y además todos ustedes saben que también se puede entrar en esos *estados alterados de consciencia,* mediante la ingestión *drogas alucinógenas*, o *psicodélicas* o *enteógenas* (esta palabra significa etimológicamente "dios generado dentro de nosotros"). Estas sustancias activadoras son alcaloides extraídos de hongos, plantas, lianas, arbustos, como la llamada Amanita muscaria u hongo matamoscas, el peyote mejicano, el o la ayahuasca, etc.. Pero también sabemos que de estas substancias se fabrican drogas sintética, una de las cuales se llama precisamente "éxtasis". Y el Dr. Silva cita otro

57

hongo que en la cultura azteca se le llamaba "hongo de Dios", y también se le ha llamado "carne de los dioses". Es para deciros que estas substancias, cuya acción inmediata es excitar las estructuras del cerebro, se han considerado siempre "substancias divinas", incluso se les ha puesto esos nombres que las relacionan con la divinidad.

También le he leído al Dr. Silva que existe una planta, conocida con el nombre *Peganum harmala*, que contiene la sustancia activa la *harmalina*, muy poderosamente alucinógena. Esta planta se ha encontrado enfrente de las cuevas de Qumram, patria de los *esenios*, por lo que se supone que estos místicos judíos que vivieron en el desierto de Judea desde el siglo II a.C. y que fueron descubiertos cuando se encontraron los Manuscritos del Mar Muerto en 1947, podían haber ingerido estas plantas psicoactivas.

Todas estas sustancias reaccionan químicamente, como acabo de decir, con *neurotrasmisores* que se encuentran en gran número en las estructuras *límbicas*, produciendo esa hiperactividad que tantas repercusiones, expresiones y resonancias tiene en la experiencia subjetiva de las personas.

Por todos estos argumentos, quizás se podría afirmar ,

desde el punto de vista neurocientífico, que el ámbito de lo sobrenatural no es un mundo que exista fuera de nosotros mismos, sino que es un producto, o podríamos decir un "constructo", de nuestro cerebro... Esto podría ser así igual que gran parte de lo que consideramos realidad exterior: Hoy sabemos que los colores, los olores, los gustos y los tactos son atribuciones del cerebro a la información que llega desde los órganos de los sentidos, y que se registran y se configuran por sinapsis neuronales del cerebro, pero que no es así como existen en la naturaleza. Dentro de nuestro organismo psico-neurológico es donde le damos a las cosas unidad, organización, coherencia y significado. Fuera de nuestro organismo, por ejemplo, no existe la luz ni el color, sólo ondas electromagnéticas en un embrollo de vibraciones; ni existen los sonidos, ni la música, sino ondas de presión del aire que nosotros percibimos, transformamos y amasamos con emociones y con pensamientos que les dan nombre y forma. Lo mismo puede decirse del calor y del frío, que no son fuera de nuestra percepción sino moléculas que se mueven con mayor o menor intensidad energética. Una famosa película de Inmar Bergman, uno de los maestros indiscutibles de la cinematografía, película titulada *Fanny y Alexander*, termina con una voz en off que dice más o menos esto: "La realidad no existe. No es más que un conjunto de datos y de estímulos que cada persona selecciona, organiza y configura de modos muy diversos". Más o menos quiero recordar que eso decía la voz en off de la película. Que cada persona interpretamos a nuestro modo los "datos" de la realidad que nos circunda, según unas pautas culturales más o menos generalizadas, o apetencias o condicionamientos subjetivos y personales. Y son los artistas, pintores y músicos, o escritores, los que "inventan" modos renovados ver el mundo, de organizar el mundo, de darle nuevos significados, como jugando a ser dioses.

Lo resumo en el pensamiento de Paul Eluard, un poeta francés del siglo pasado, un pensamiento que se convirtió en slogan publicitario: "Hay otros mundos, pero están en este".

Vamos ahora a aterrizar en nuestra propia experiencia, en el terreno de nuestra subjetividad: Desde que se conoce y se sabe que el cerebro es productor de espiritualidad, se plantean dos posibilidades optativas, dos opciones fundamentales (se llaman "opciones fundamentales" a aquellas que ya le dan una dirección total a la existencia):

-Una es la de los "creyentes" que piensan

poder argumentar que Dios ha colocado en el cerebro humano estructuras que permiten la experiencia espiritual y el contacto con la divinidad.

-Y la postura opuesta, la de los no-creyentes", es la que piensa que estas experiencias metafísicas, místicas o espirituales son fruto de la evolución ontogenética y filogenética, como el resto de un organismo, el nuestro, que ha seguido el proceso de selección natural, traspasando el objetivo primario de la supervivencia, hacia el objetivo de una supervivencia en mayor plenitud posibilidades vitales...

Las personas que han desarrollado esta capacidad pueden ser personas espirituales, pero no "sobre-naturales", ni siquiera tienen que ser auténticamente religiosas. Porque todo lo que le sucede y experimenta es natural, todo es científico, todo es explicable por la neurología.

Si es verdad que las estructuras cerebrales son fruto de la evolución, lo cual parece obvio, todavía queda aquí otra posibilidad para los que defienden la primera opción, para los creyentes: la posibilidad de que desde un diseño divino se hayan formado esas estructuras de nuestro cerebro utilizando los mecanismos y las leyes de la evolución darwiniana (las leyes que Darwin descubrió, pero que estaban diseñadas por designio divino) para llegar, por evolución de especies, hasta el *homo sapiens*, y para que éste –el hombre, el ser humano, la persona humana- pudiese seguir desarrollándose hacia otras esferas de realización, que son las esferas del Espíritu. Y es por lo que le es posible tener experiencias espirituales, y habitar con su propia mente esa región del Espíritu, donde puede comunicarse también con seres extra-materiales, es decir: espirituales.

Es una opción razonada y razonable. Pero también es posible, también es razonada y razonable la opción intelectual contraria: la de pensar y creer que estas estructuras, por un proceso de evolución natural, son las que han generado las creencias en "seres espirituales y divinos" a través de funciones más especializadas de cerebro, pero sin salir de él.

En este segundo caso (y repito lo que ya he dicho) la espiritualidad resultaría ser una facultad mental como cualquier otra que se ha desarrollado por evolución natural en respuesta a determinadas presiones medioambientales, con el fin de aumentar las probabilidades de supervivencia y de autorrealización más plena del organismo, igual que se ha desarrollado el lenguaje, y la inteligencia, y la capacidad para la música o para la poesía y las artes, y las capacidades descubridoras y creativas. De ahí que haya personas más espirituales que otras, dependiendo de que tengan más o menos desarrollada esta facultad, o en razón de que se lo haya facilitado el entorno, o la sociedad o el medio cultural en el que esa persona se encuentra. Y por esa razón existen, y han existido, individuos con una gran espiritualidad (los artistas, poetas, los intérpretes y los creadores musicales; también los místicos, los santos, los fundadores de religiones). Y también han existido y existen otros individuos, otras personas -*homines sapientes* también- en las que esa espiritualidad parece estar ausente, y para quienes la *inteligencia espiritual* no tiene que intervenir necesariamente en su interpretación del mundo. Solo les interesa lo que se puede explicar con los argumentos cognoscitivos de la *razón*.

****

Hasta aquí quería traeros, hasta este límite, hasta esta frontera de la razón, para preguntaros, para que cada uno y cada una se lo pregunte en su interior, y se responda: ¿Cuándo llego aquí, a este punto, veo algo más allá? ¿Sigo viendo a Dios entre las brumas exteriores, o en los susurros secretos de mi corazón?

Ustedes saben que a Fe no es una demostración, no es una convicción. La Fe es una opción, una decisión libre, y por eso reitero mi pregunta; que cada persona que está aquí presente se la responda a sí misma: ¿Cuál es mi opción? ¿Cómo elijo configurar mi pensamiento y organizar mi estar en la vida, con la primera opción o con la segunda opción? ...

Voy a volver a decirlo: La Fe no es una convicción; la Fe es una opción, una decisión libre, una entrega incondicional , una sin-razón (como el enamoramiento). Eso lo decía una nivela de Julien Green: *"No se puede explicar por qué se tiene Fe: se sabe, como cualquier persona sabe cuando esta enamorada"*). No es algo a lo que la persona tenga que rendirse por la evidencia de la razón. Como se decía en otra película de Inmar Bergman, tan famosa el sigo pasado, *El Séptimo sello: "La Fe es un gran sufrimiento; es como hablar con alguien que está afuera en las tinieblas..."*.

Desde la esfera de la razón, la Fe es un sufrimiento, un anhelo frustrado, un fracaso de la racionalidad. *"Cuántas veces / te buscaron mis manos, tanteando por las sombras / como un ciego..."*, decía un poema antiguo. Las luces de la razón no llegan a iluminar las riberas del Espíritu donde se apacienta la Fe. Para arribar a esas orillas tengo que dar un salto en el vacío de la mente.

La inteligencia de la razón, la *Inteligencia Racional*, no opera con los mismos procesos que la *Inteligencia Espiritual*. Ni los argumentos de la razón justifican esos encuentros supremos con la Verdad y con la Belleza y con la Bienaventuranza, que han logrado, a veces, los grandes poetas, los creadores, los grandes descubridores... Y también los místicos y los santos.

En este nivel de la instalación en las regiones del Espíritu, cuando están iluminadas por la Fe, el término *"conocimiento"* es... *transparencia, "La transparencia, Dios, la transparencia"*, que clamó Juan Ramón Jiménez en su libro *Dios deseante y deseado*; y el verbo *"conocer"* adquiere un significado de *compenetración* o de *interpenetración* con lo conocido, cuando lo conocido queda *abarcado, incorporado* o *fundido* en una experiencia de encuentro, para la que no existe otra palabra sinónima que la palabra *Amor*.

Como he dicho en otras conferencias, no encuentro tampoco una ejemplificación más explícita de este de este fenómeno de auto-realización humana, que la de unos versos de San Juan de la Cruz, en los que se revela un encuentro donde, metafóricamente, la *noche de la inteligencia* **queda iluminada por la** *alborada de Fe* **en la compenetración del** **amor**: *"Oh noche que guiaste / oh noche amable más que la alborada, / oh noche que juntaste / amado con amada, / amada en el amado transformada".* Quizás aquí quede descrita la fenomenología de la Fe y la experiencia *encuentro-conocimiento-amor* que en ella se contiene, en este segundo plano del Espíritu.

Y si a quien haya optado por esta opción, la opción en la Fe, alguien la preguntara que es lo que ha descubierto, qué es lo que ahora sabe, quizás sólo podrá responderle con san Juan de la Cruz:

"Entreme donde no supe
y quedeme no sabiendo
toda ciencia trascendiendo".

TERCERA CONFERENCIA

EL CEREBRO ENAMORADO (Del *amor químico* al *amor místico*)

El título que le he puesto "El cerebro enamorado" es como un rótulo luminoso, con luces fluorescente, bajo el que pretendo dar respuesta (respuesta inevitablemente incompleta) a una cuestión compleja, misteriosa en cierto sentido y absolutamente fascinante: ¿Qué es enamorarse? ¿En qué consiste estar enamorado? ¿Cuál es la clave de ese proceso *psico-neuro-endocrino-biológico*: todos estos sistemas vitales intervienen en eso que entendemos por "enamoramiento", por enamorarse, esa ciclogénesis explosiva de la mente, y de toda nuestra realidad psico-corporal, ese "rayo que no cesa" (como el título del libro de Miguel Hernández), ese estado tan especial, mágico, exaltado, gozoso, fruitivo…, y doloroso muchas veces al mismo tiempo, que es "estar enamorado/a"?

¿En qué consiste ese fenómeno vital, del que todos tenemos alguna experiencia y algunos y algunas la tienen con abundancia?

Y como hipótesis inicial, lo que quiero primeramente

69

dejar asentado y elucidar, sacar a la luz, mi primer enunciado es que antes, incluso mucho antes, a veces, de que una persona, de que tú, tomes consciencia de estar enamorado o enamorada, de que esa persona, distinta a ti, te gusta, te fascina, te embelesa, te enloquece, quieres que sea tuya para toda la vida, y origina en tu interior ese tumulto de sentimientos y sensaciones desbordantes… ya antes el cerebro la había encontrado, sin que tú lo supieras, y había hecho una serie de operaciones que te llevaron a ella, o a él, a esa persona y a todas las emociones, sensaciones, pasiones, fruiciones y estremecimientos que esa persona te reporta.

Esto responde a un principio de la neuro-psicología moderna: que el cerebro decide antes de que el Yo lo sepa. Aunque el Yo -esto es importante- tiene la capacidad de modificar o de corregir o de suspender la decisión del cerebro. En eso consiste la libertad, la libertad intrínseca, la liberad interior. Las libertades exteriores te la podrán conceder o facilitar, pero nunca serás verdaderamente libre si no te liberas a ti mismo o a ti misma, si no construyes tu libertad interior.

Lo voy a explicar con un ejemplo tomado de la

tecnología aérea, de la aeronáutica: el avión va volando con *control automático,* va haciendo automáticamente una serie de operaciones de adaptación y avance, automáticamente, mientras el piloto ni se da cuenta: quizás dormita o habla con en el ayudante de vuelo. Pero al acercarse a la pista de aterrizaje, el piloto desactiva el control automático, toma el *control manual* y realiza unas nuevas operaciones, ya sobre el terreno automáticamente buscado, acciones que completan, a veces corrigen o ajustan el movimiento y alguna reacción del avión para finalmente echarse a descansar en la pista, en el lugar y en el momento decidido por el piloto, bajo su total responsabilidad…, y también a veces decide retomar el vuelo y se escapa, porque aquella pista no era adecuada, no era la suya, la conveniente, o porque percibió alguna señal de peligro.

Bueno, pues el enamoramiento es como avistar, avizorar, una pista de aterrizaje, iluminada, maravillosa y mágica, y consiste en esa toma de consciencia y de control, para terminar echándose sobre la pista de descanso, pista que es también de despegue hacia la plenitud del amor, amor en el que descansamos, nos transporta al cielo, y que hasta nos diviniza. "Soy un ángel con grandes alas de cadena", así termina un soneto de Blas de Otero, de su libro *Ángel fieramente humano".*

Somos los humanos libres y esclavos al mismo tiempo. Somos relativamente esclavos, encadenados a los procesos automáticos de nuestro organismo somato-psíquico, pero también somos relativamente libres. La naturaleza que es sabia, o Dios a través de ella, nos ha dotado de la libertad plena de soñar y de desear, y de la libertad relativa, relativa y restringida, para poner en práctica nuestros sueños y nuestros deseos.

Pero este poquito de libertad que nos queda en la práctica es lo más importante, lo único que nos justifica como humanos, lo que nos responsabiliza, lo que nos auto-realiza existencialmente, y, como acabo de decir, lo que también nos diviniza. "Soy un ángel", puedo volar, pero me siento encadenado. Así somos. Los dos aspectos, como las dos caras de una misma moneda humana: Libres para volar como los ángeles, y esclavos de nuestra naturaleza material y de todas sus servidumbres intraorgánicas. Este es un principio elemental del que parte toda la psicología y toda la psicoterapia humanista: de nuestra doble condición humana, su grandeza y su servidumbre.

Pero en lo que quiero insistir, en este momento, es en que hasta allí, hasta la pista de aterrizaje donde tomamos el control en lucidez y en libertad, hasta allí habíamos ido arrastrados. Hasta allí no éramos libres, a rastras íbamos, y ni nos dábamos cuenta.

¿Arrastrado por quién? ¿Cómo? ¿Para qué?

A esto es a lo que pretendo dar ahora alguna respuesta de clarificación:

Y para eso os voy a proponer ahora que hagamos entre todos un ejercicio mental: un ejercicio de visualización y de observación imaginativa, fenomenológica. Vamos a crear mentalmente una situación imaginaria: una reunión social, la celebración de una boda, por ejemplo. y veremos que ocurre algo allí, en todas las bodas sucede, algo aparentemente aleatorio y caprichoso… Vamos a empezar observando imaginariamente a las personas que hay en la sala, con sus trajes especialmente seleccionados para el acto, hombre, mujeres, algunos vagan solos, otros están reunidos en `pequeños grupos, veo caras conocidas, otros desconocidos, quiero acercarme a unos, eludo a otros, muchos me son indiferentes…. De pronto me fijo en alguien que acaba de llegar, María se llama, vestida y adornada con toda la gama de los colores violeta: malva, morado, lila…, ¿la veis?, con zapatos muy altos que hacen juego con los pendientes y con el color de sus ojos. La veo echando una mirada a la sala, se acerca una amiga, Rosa, se besan sin rozarse (para no estropear el maquillaje): "estás monísima", "qué traje más ideal", "anda que tú". etc. De repente observo que su mirada, la mirada de María, se fija en un joven que acaba de llegar y que, al parecer, le produce un efecto especial, es Pedro: veo cómo Pedro y María se cruzan miradas sutiles, después sonrisas, observo cómo Pedro ensaya un acercamiento, ella lo espera, salen a bailar, nuevas sonrisas, roces disimulados, risas locas, besos… Al cabo de poco más de un año, los amigos reciben la invitación para la próxima boda de Pedro y María y, pocos meses después, nueva invitación al bautizo de su primer hijo.. Qué le llevó a Pedro a fijarse en ella, a acercarse a ella?, ¿qué le llevó a María a electrizarse con esta mirada de Pedro?, ¿ que les llevó a ambos a no separarse de ella durante toda la noche? ¿Por qué se fijó en María, y no se fijó en Rosa, la amiga que tenía al lado, que incluso era más guapa y tenía un vestido más bonito? "¿Qué tiene ella que no tenga yo?", pensaría quizás Rosa. ¿Por qué María no se fijó en otro de los muchos jóvenes que había en la sala?.

Pero para responder a esto, quiero recordaros antes una lección elemental de biología genética , que todos habéis estudiado, para que veamos por qué existen esa disposición o predisposición para el aterrizaje amoroso, o mejor, cuál es el mecanismo biológico-genético que predispone al enamoramiento. Porque esto que sucede (lo que hemos descrito) en el plano de las relaciones humanas, del macrosistema social, ya había sucedido antes en el microsistema del cerebro humano.

Sabéis que la fecundación humana se produce después de que un ovocito de la mujer se une con un espermatozoide del hombre, o que un espermatozoide del hombre se integra en un óvulo de la mujer. Bueno, pues cuando se unen estos gametos, que así se llaman (como si dijéramos "estos chavales"), es decir, cuando se casan estas dos células, en matrimonio germinal, y el cromosoma #21 X se aparea con el cromosoma #21 Y, resulta el cigoto, palabra griega que significa el unido, el uncido, el integrado, es decir: una nueva criatura en evolución, que es el óvulo fecundado, con los 46 cromosomas que completan cada célula de la especie humana. Cada especie tiene un número fijo de cromosomas en sus células (los cromosomas contienen el ácido nucleico que se fragmenta en genes). La orquídea silvestre, por ejemplo, solo tiene 4 cromosomas. Nosotros, cada uno de nosotros, la especie humana, tenemos 46. Pero las células de fertilización, las sexuales, las gonadales, se dividen en la mitad, mitad para el hombre, 23 en el espermatozoide, mitad para la mujer, 23 en el óvulo. 23 cada uno, por lo cual necesitan unirse para que sumadas en el óvulo fecundado por el espermatozoide hagan las 46 necesarias para que haya vida humana en la nueva criatura en evolución.

Cuando hay una mala unión, que sucede a veces, una *unión inadecuada*, porque, por ejemplo, se introduce un tercer cromosoma en la pareja, se produce el fallo, la enfermedad, en este caso del tercer cromosoma, el mongolismo, que no es otra cosa, biológicamente, que un óvulo fecundado con un cromosoma de más: 47 cromosomas en vez de los 46 justos.

Lo que he querido dejar en claro es que, también a nivel del microsistema, los cromosomas de las células germinales, masculina y femenina, los gametos, también ellos buscan su pareja para unirse, y que también elijen, siguiendo un proceso bio-eléctrico de selección, de atracción y de rechazo, esos flujos electromagnéticos que propician una sintonía emocional, singular y mágica, que llamamos enamoramiento... Pero que, a veces, también yerran y se unen parejas inadecuadas..., exactamente igual que nos pasa a los seres humanos completos, aunque en los humanos esto sucede en un estrato del cerebro dotado de conexiones celulares de mucha mayor complejidad. Todo esto confirma el principio científico de que el Microsistema no hace más que repetir lo que antes ejecuta el Microsistema.

Y vuelvo a hacer la pregunta: ¿Por qué se enamoró María de Pedro y Pedro de María? ¿Por qué, aplicándolo a nosotros mismos, yo me enamoré de esta o de este, y no de esa o de ese otro?

Os voy a dar dos respuestas:

Primera respuesta: Porque no soy yo, no somos nosotros –nuestro ser consciente- quien elije primeramente, en principio. Porque es una computadora neuronal que todos llevamos en la cabeza, un auto-regulador neuro-cerebral, una especie de piloto automático que buscaba tomar tierra, y allí vio las señales de que era la pista adecuada para él. ¿Cuáles son esas señales? Son las señales que emite el fenotipo de la otra persona (igual que el fenotipo de las aves con sus cantos y sus colores): es su rostro, el de la otra persona que nos atrae, su aspecto, su movimiento, su voz, quizás su olor, su aroma, esparcido en el aire por las *feromonas* (que algunos animales captan olfativamente desde muy largas distancias). Es el color de los ojos, el tacto de su piel, su parpadeo, su risa, su sonrisa, "ese lunar que tienes, cielito lindo, junto a la boca"…. Y es entonces cuando el cerebro, al recibir esas señales, ese *input* singular de la otra persona, se enciende con todas sus luces y emite un concierto de sensaciones arrebatadoras… que es lo que se conoce por "enamoramiento", "el cerebro enamorado", esa flauta mágica que nos hechiza con su ritmo y nos hace bailar a su son, o esa "ciclogénesis explosiva" que nos arrasa por completo.

Os voy a leer un pasaje del autor japonés Murakami, tomado de uno de sus libros, *Los sauces ciegos*, que casualmente he estado leyendo en estos días:

"La vida de Tony Takatani discurría de una manera extremadamente tranquila y apacible. 'No creo que me case nunca', pensaba Tony. Sin embargo, un día, de repente, sin previo aviso, Tony se enamoró. Sucedió de forma tan inesperada que parecía increíble. Ella era una empleada a tiempo parcial de una editorial, que había ido a su estudio a recoger unas ilustraciones. Tenía veintidós años. Mientras estuvo allí, lució siempre una serena sonrisa en los labios. Tenía un rostro agradable y simpático, pero, mirándola con objetividad, no se la podía considerar una belleza. Sin embargo había algo en ella que golpeó con violencia el corazón de Tony Takatani. Desde que la vio por primera vez sintió una opresión en el pecho que casi le impedía respirar. No sabía qué tenía aquella chica que le había asestado un golpe tan fuerte. Pero aunque lo hubiera sabido, no podía explicarse con palabras. Además también se sintió atraído por su modo de vestir. A él no le interesaba demasiado la ropa y tampoco se fijaba en cómo iban vestidas las mujeres, pero sin embargo se que dó profundamente admirado al ver cómo

aquella chica sabía llevar la ropa. Incluso puede decirse que lo conmovió. Había muchas mujeres que vestían con buen gusto. Muchas que iban más elegantes que ella. Pero el caso de aquella chica era diferente. Ella vestía con tanta naturalidad, con tanta gracia, que parecía un pájaro envuelto por un aire especial que se dispusiera a alzar el vuelo hacia otro mundo. Nunca había visto a nadie que llevara la ropa con tanta alegría. Incluso la ropa, al envolverla, adquiría una vida nueva. Ella le dio las gracias y se marchó. Pero incluso después de que ella recogiera el trabajo y se fuera, él quedó sin poder pronunciar una palabra, . Permaneció sentado ante la mesa, aturdido. Incapaz de hacer nada, hasta que anocheció y la habitación quedó a oscuras.

Al día siguiente llamó a la editorial y se inventó la primera excusa que le vino a la cabeza para que ella tuviera que volver a su estudio. Después del trabajo la invitó a comer. Mientras, charlaron de cosas sin importancia.. Pese a llevarse más de quince años, curiosamente tenía muchos temas en común. Hablaran de lo que hablaran coincidían. Era la primera vez que, tanto a él como a ella, les ocurría una cosa semejante".

Bueno, a veces, el impacto no es tan claro, no se produce siempre ese estallido de amor a primera vista. Y eso ocurre porque no siempre es tan completo ni tan evidente el *input* que trasmiten a los receptores, y porque el cerebro va procesando alternativamente las cargas moleculares de atracción y de rechazo: me encantan los ojos, pero me choca el gesto, o el tono de la voz etc.

Hasta aquí, este funcionamiento es bastante homogéneo con el que se da en otras especies en su apareamiento. Todo esto sucede y se desarrolla en el hemisferio antiguo del cerebro en evolución, que se llama *paleo-cortex*, que es común con el cerebro de los animales. Pero el animal humano, el "*animal rationalis*" de Aristóteles, se diferencia en que ha creado y desarrollado una nueva región en el cerebro, una nueva zona en la corteza cerebral que se llama *neo-cortex*, en con sus *lóbulos prefrontales*, dotada de circuito de neuronas mucho más amplio, más complejo y más efectivo, que le permite, a diferencia de otras especies

-primero, *ser consciente, tomar cosnciencia de lo que está pasando*, llegado un momento del proceso, el momento que hemos metaforizado como "aterrizaje". Es lo que Murakami ha descrito tan claramente en el texto que hemos leído.

-segundo, *comprender* el sentido de lo que hace, por qué lo hace, lo que podrá ocurrir si lo hace, y lo que ocurriría si no lo hiciera..

-y tercero, decidir, decidir lo que quiere hacer con decisión consciente, inteligente, voluntaria, responsable, es decir: con libertad..

Ser consciente, comprender y decidir. Estos no lo tiene otras especies. Estamos en un plano nuevo genético-evolutivo.

Siguiendo con la metáfora del piloto de avión, que venía navegando en modo de piloto automático, cuando cambia repentinamente a control manual para responsabilizarse del aterrizaje en el lugar que ha elegido. Ya estamos en otro nivel funcional.

Quiero decir que llegado a un punto de toma de consciencia, ya no solo las neuronas responden al estímulo, igual que los mamíferos inferiores, sino que el Yo personal que se configura desde el *neo-cortex* del cerebro humano, asuma la potestad de decidir y la responsabilidad de sus actos y de sus consecuencias.

Y ahora viene la segunda respuesta: ¿Por qué Pedro, el Yo de Pedro, se comprometió con María, y María con Pedro, ya conscientemente, hasta tomar la decisión consciente y responsable de hacer entre ellos una sola carne y un compromiso vital mutuo "hasta que la muerte nos separe", con la autenticidad del verdadero amor humano, del "Yo enamorado", mucho más consistente y transcendente que "el cerebro enamorado" por muchas luces y notas musicales que este emita?

Hemos pasado de el "cerebro enamorado" al "yo enamorado" y, como os vengo diciendo, hasta aquí el proceso había sido inconsciente y, en muchos casos, termina ahí. Las personas se despiden y al día siguiente cada uno le cuenta a sus amigos o amigas lo bien que lo habían pasado en la boda, con aquella persona hasta entonces desconocida, que lo había tenido fascinado o fascinada, durante toda la noche….

Pero en otros muchos casos, como en este de Pedro y María, el proceso continúa y se acrecienta, y empieza a registrarse funcionalmente en el otro hemisferio del cerebro,

¿por qué? por la fuerza de unos impulsos emergentes y hasta desasosegadores, impulsos "fieramente humanos", que empujan ansiosamente a la voluntad, a la voluntad ya consciente, la impulsan a la búsqueda, al encuentro, al roce, al abrazo… a la presencia permanente, a veces obsesionantes, en el pensamiento, en la fantasía, pero sobretodo en el encuentro tangible, el roce material y físico, con los ojos, con el tacto, con el olfato… *"Descubre tu presencia / y máteme tu vista y hermosura / mira, que la dolencia / de amor, que no se cura / sino con la presencia y la figura"*… así lo cantó San Juan de la Cruz, en su poema de amor divino.

¿Por qué es esto así? Pues es así por algo que está sucediendo al mismo tiempo a nivel fisiológico. Que, a medida que nos hemos ido acercando a esa persona, el cerebro, que ya estaba "enamorado", ha ido estimulando a las glándulas endocrinas para que segreguen unas sustancias químicas, las hormonas (del verbo griego *hormao* que significa impulsar, tender a) generadoras de un placer indescriptible. Son, entre otras, las DOPAMINAS, las ENDORFINAS y las OXITOCINAS. La Oxitocina es la misma hormona que segrega la madre en el momento del parto, y también en el amamantamiento, para reforzar los lazos de amor y de ternura con el niño, que es la priemra experiencia de placer en el amor de un ser humano.

Las *Oxitocinas* son conocida hoy como la molécula del amor y del placer, es la que posibilita la subida de la leche y la relajación de los músculos en el parto. Es una hormona gozosamente facilitadora, que facilita también la humidificación vaginal y la lubrificación en el coito.

Estas sustancias hormonales se absorben en un lugar específico del cerebro donde otras células nerviosas la reciben como recibiría al agua fertilizante la tierra seca y la arena ardiente del desierto, y le hacen sentir una sensación enorme de gusto, de placer, de deleite, que se expresa en exaltación, una alegría y un gozo desbordante y sosegado al mismo tiempo. *"Déjeme y olvideme / mi rostro recliné sobre el amado..."* , sigue cantando el divino Juan de la Cruz.

Dos imágenes prototípicas, emblemáticas, incluso interconectadas, del amor y del deleite en el amor: Primer prototipo del amor: El bebé descansando sobre el pecho de su madre, sonrosado y plácido.

Segundo prototipo: la pareja de amor descansando una persona en la otra.

Dos imágenes paralelas, significativas del amor, y de alguna manera la primera condicionante de la segunda.

¿Sabéis que las endorfinas se llaman también *endomorfinas*? Y es que las endorfinas son como una droga natural. Así lo expresa el nombre, *endomorfinas*, morfinas de dentro, por el efecto parecido al del opio, el alcaloide de las amapolas, y que producen, igual que las sustancias adictivas, que las células nerviosas descarguen estímulos eléctricos altamente placenteros: estimulan, dan bríos, colman de alegría, te elevan a viajes espaciales imaginarios... Así pasa con las drogas y así pasa con el enamoramiento: estimula, da bríos, colma de alegría, te eleva a viajes espaciales...

Pero de la misma manera que pasa con las drogas, el organismo humano sufre las consecuencias de un penosísimo y a veces terrible "síndrome de abstinencia" por la carencia de estas sustancias cuando los estímulos productores de la segregación de estas hormonas desaparecen.

Dice el maestro Freud que "nunca el ser humano es tan desesperadamente desdichado, como cuando se le ha roto el vínculo amoroso y ha perdido al objeto de su amor". Esta desdicha vital y desesperante es la que experimentan las personas enamoradas a las que se les rompe el amor y, con él, el corazón. Y entre otras razones, algunas quizás más profundas de esta desdicha, está también, sin duda, la desesperación por el "síndrome de abstinencia" que provoca en todo el organismo la abstinencia de esos estímulos neurotransmisores que lo había mantenido, hasta entonces, entonado, estimulado y feliz. *"Porque en noches como estas/ te tuve entre mis brazos/ mi alma no se contenta con haberla perdido",* Así sollozaba, ahogándose en su desdicha, Pablo Neruda.

La presencia selectiva del ser querido es un potentísimo generador de *endorfinas y encefalinas: serotoninas, oxitocinas...*, las cuales además de causar gozo, producen una nueva cascada de hormonas sexuales, para otro proceso de amor que es la fecundación.

Cuanto mayor es el contacto de la pareja enamorada, los susurros amorosos, las caricias, los besos, los abrazos, los apretones, el encuentro íntimo... más fuertemente, más acuciadamente, se estimulan, hasta llegar lo alto de la montaña mágica, al *clímax* de la unión sexual que siempre se acompaña de una lluvia de hormonas excitativas, un chaparrón de excitaciones y goces, con el que se culmina el orgasmo y se asegura la permanencia de la especie.

Se han logrado experimentos muy interesantes con ratones.

Se coloca un electrodo en el cerebro del ratón en la zona donde se generan las endorfinas. Se entrena al ratón a tocar una palanquita que estimula eléctricamente este electrodo que el ratón tiene en el cerebro. El electrodo al recibir el impulso eléctrico en fracciones de voltios de muy bajo amperaje, hace que el cetro nervioso genere endorfinas, con la s que el ratoncillo se queda en la gloria, relamiéndose de placer.

Esta satisfacción es tan grande que el animalillo sigue continuamente apretando la palanca con sus patitas delanteras. Cuando experimentalmente se corta el estímulo eléctrico del electrodo, el ratón aprieta la palanca una y otra vez, repetidamente, luego mantiene apretada la palanca, insistentemente, hasta que se desespera con movimientos desorganizados, al no experimentar más el placer. Es el Síndrome de abstinencia.

Estos experimentos con ratones han ayudado mucho a entender el mecanismo de la adición a las drogas.

Y de la misma manera, también nos ayudan a comprender la bio-psicología del amor humano; cómo dos personas se sienten atraídas mutuamente y cuáles son los mecanismos subsconscientes que mantienen la atracción, (independientemente de las razones y motivaciones conscientes por las que mutuamente se comprometen) con la finalidad primaria de que sigan copulando y generando crías. Es decir, con la finalidad primaria de la vida biológica, que es su conservación, su expansión y su permanencia inextinguible.

Por supuesto que no existe una sola persona para otra, un solo individuo con un único contenido genómico para otra sola persona, ni para un solo enamoramiento. Por eso el cerebro de una persona enamorada produce tantos chorros de endorfinas y de otras substancias hormonales que bloquean el sistema cerebral y acapara todas las funciones de la mente sin dejar resquicios para interesarse por otras señales emitidas por el fenotipo de otras personas. "Estoy tan enamorado que no puedo pensar en nadie más". Pero naturalmente esto dura un tiempo limitado, más breve o más largo, dependiendo de la idiosincrasia de cada individuo, y de muchas circunstancias de cada persona.

¿Y después? ¿Qué pasa después, cuando la efervescencia del enamoramiento bioquímico se aquieta y se aplana (porque naturalmente no se puede vivir siempre –el organismo no lo aguantaría en ese estado de excitación y exaltación levitante que produce la química del enamoramiento)? ¿Qué pasa entonces?

Pues en muchos casos, para muchas parejas, "ahí se acabó todo".

Pero en otros casos sucede, que a medida de que los intercambios de relaciones entre esas personas cerebralmente enamoradas, hormonalmente enamoradas, neuroquímicamente enamoradas, se hacen más frecuentes y más intensas, los fluidos neuroquímicos y eléctricos atraviesan las dos zonas del cerebro, del antiguo al nuevo, y se va encendiendo otra región del cerebro, la región *límbica*, que es donde se generan los sentimientos y las emociones, y se van activando al mismo tiempo las funciones rectoras, previsoras y organizadoras de la región *prefrontal*, y empiezan a intervenir otras funciones superiores de la mente, de la mente evolucionada, y del corazón humano humanizado, funciones que completan y realizan en amor, el verdadera amor, en su auténtica plenitud: la fidelidad, generosidad, la honestidad, el sentido del compromiso, el sentido de la responsabilidad y del deber, la empatía, la "caridad", la lealtad... en "la salud y en la enfermedad", en la abundancia y en los "recortes", en los días claros y bajo los aguaceros..., Todo eso expresado, vivenciad y trufado con grandes dosis de comprensión, de respeto, de generosidad, de simpatía, de tolerancia, de paciencia, de atenciones, de sexo estimulado, de complicidad dialogada, de buenas palabras...

Pero sobre todo del deseo real, y la convicción inteligente y firme de ser consecuentes, de ser responsables y de mantener la unión comprometida, cuidada y estimulada cada día y cada noche (como dice la canción: *"que todas mis noches sean noches de boda y todas mis lunas sean lunas de miel"*) hasta que "la muerte nos separe".

Miguel de Unamuno explica de modo muy gráfico estas dos etapas del proceso del enamoramiento inicial hasta el amor perdurable ("te juro amor eterno"). El proceso que va desde la QUÍMICA DEL AMOR hasta la MÍSTICA DEL AMOR: Dice Unamuno, don Miguel, que cuando, en una pareja de jóvenes enamorados, una de esas personas posa la mano sobre el muslo de la otra, los dos experimentan un estremecimiento, una intensa excitación. Después, pasados treinta años de vida en común, tal vez ya no se exciten tanto, peri si a una de esas personas tienen que cortarle la pierna, la otra estaría dispuesta a dar la suya en su lugar. A esto es a lo que llamo la MÍSTICA DEL AMOR, no le llamo mística en el sentido religioso (quien se la de en este sentido, muy bien) pero me refiero a la mística como situarse en una región superior de la mente, que trasciende lo material y acerca al misterio (místico significa "misterioso").

Desde estas actitudes, cualquier dificultad que se interponga en la relación de una pareja se puede solucionar, primero, si hay verdadera y real voluntad de solucionarlo, y segundo, si se echa mano de la inteligencia para compensar, superar o solucionar la dificultad o el problema que se les interponga.

La inteligencia tiene siempre la clave. Lo mismo que el tigre tiene sus garras, el elefante sus colmillos y león sus fauces, la inteligencia es es el instrumento de defensa y ejecución que la naturaleza ha puesto en el homo sapiens para eso, para defenderse frente a las amenazas de la vida, para solucionar las dificultades y hacer frente a las adversidades, y para logar el objetivo final de todo ser humano que no es otro que LA FELICIDAD. Felicidad que sólo se alcanza y se logra con el buen uso de la "inteligencia emocional": la que sabe elaborar y dirigir las emociones para no sucumbir en ellas, sino para superarlas y orientarlas a los fines constructivos de la vida. Igual que el capitán de un velero sitúa las velas y ajusta el timón para aprovechar la fuerza del viento y del oleaje en su progreso hacia delante, sin sucumbir por la fuerza del oleaje y del viento. (O como el auriga del Mito de Platón). Todo consiste en cómo coloquemos nuestras ideas en el cerebro, que es la base de la psicología cognitiva.

Ya lo hemos dicho, que a diferencia del cerebro de los animales y de los mamíferos inferiores, que también hacen el amor (entre comillas) y también cuidan sus crías hasta la muerte, el cerebro evolucionado del homo sapiens se completa con otros circuitos neuronales superiores y complejos, con capacidad de hacernos conscientes de lo que hacemos, de decidir libremente, de comprender el significado y las consecuencias de nuestras acciones, y sobre todo, nuestro cerebro tiene la capacidad inteligente de llevar nuestras decisiones hasta las últimas consecuencias del compromiso establecido que, en la paraja humana es, como ya he dicho, "hasta que la muerte nos separe".

Entonces, ¿por qué, en la vida, se separan tantas parejas, por qué se rompen tantos matrimonios, se autodestruyen, se agotan?

Pues, en muchos casos (no digo "en todos": en otros casos hay otras razones y motivos de ruptura), pero en muchas parejas porque se quedan en la primera etapa del "cerebro enamorado", la del enamoramiento con "control automático", y no entran en la en la segunda etapa, la del "YO enamorado", enamorado y comprometido, en la pista iluminada de la consciencia y la responsabilidad inteligente, del compromiso y el amor, y se sigue volando descuidadamente, con control automático que no requiere atención: no se asume la responsabilidad del control manual, y el matrimonio, igual que el avión, termina estrellándose.

O, con la metáfora ecológica, se abandona, no se asume la responsabilidad de cultivar el matrimonio, pacientemente, generosamente, como hace el agricultor con la tierra de cultivo a la que ama, para que de sus frutos… Y se descuida, se aburre, se va dejando como tierra abandonada y seca, invadida por hierbas venenosas.

"Se nos gastó el amor de tanto usarlo", dice la copla de *"La más grande"*. Pero no es verdad. El amor no se gasta por el uso, como no se gasta y se consume el fuego mientras se le avive y se le eche leña. Se gastan, acaso, las hormonas si no se las estimula o se las estimula negativamente. Porque todos sabemos que el mal trato, las palabras airadas y ofensivas, las quejas por todo, las frustraciones en la expectativas de la pareja, el renunciamiento o emperezamiento de las relaciones íntimas, las desatenciones, los reproches…, en vez de

producir endorfinas y oxitocinas, agotan la serotonina y generan catecolaminas, cortisol y adrenalina, que son las hormonas que disponen a la enemistad y a la lucha, igual que a los animales feroces de la selva.

Mientras pongamos en manos de la Inteligencia nuestra capacidad de comprensión, de tolerancia, de respeto, de actitud comunicativa para compartir las experiencias, la disposición generosa a las demandas del otro, de buen carácter, de responsabilidad frente a los hijos y frente a la sociedad en general... unido todo eso, durante toda la vida, unido a las palabras agradables y agradecidas, a las caricias, los besos, el sexo estimulado, la complicidad, las sonrisas, ... todo eso hace que el cerebro se emborrache de endorfinas y se mantenga permanentemente "enamorado", encastrado y unido en el amor, para toda la vida.

Bueno, en esta charla he querido poner de manifiesto la importancia del cerebro, de los circuitos neuronales del cerebro humano, para explicar los mecanismos que hacen que dos personas se busquen, se enamoren y se amen con intensidad y durabilidad; y para que su anclaje amoroso se vaya fortaleciendo y perfeccionando en la dinámica existencial de las relaciones de la pareja humana.

Insisto en que las neuronas de nuestro cerebro están naturalmente, biológicamente, programadas para amar, y para, a través del anclaje amoroso, alcanzar y experimentar el placer y el goce de la unión, y además para asegurar la perpetuidad de la vida en la especie.

Si experimentamos incapacidad para el amor y la con-penetración, revelaría un bloqueo o un fallo en el circuito neuronal. La falta de amor, la ausencia del amor, el egoísmo exacerbado, el malhumor permanente… revela una dinámica autodestructiva. El amor es constructivo: existe para generar placer, alegría y felicidad en los diversos niveles del cuerpo y de la mente. Si emerge el hastío, el desamor, la mezquindad frente a la generosidad, la brutalidad verbal o de acciones, es como un test, o como piloto que se enciende para alarmar de que algo va mal, muy mal, de que hay algo que es necesario corregir urgentemente o solucionar, o liberar la relación del egoísmo, la irresponsabilidad y la deshonestidad que son los agentes tóxicos, los virus y los troyanos más nefastos de la patología del amor.

No podemos, no tenemos derecho a dejar que evolucione esta distorsión bio-evolutiva que es el desamor y la irresponsabilidad en los compromisos de la pareja, que llevarían a la destrucción de esta naturaleza humana, tan maravillosamente construida para el amor perdurable y fecundo, y para alcanzar a través del amor, impulsados por el amor, alcanzar, aunque sea rozándola con la punta de los dedos, la verdadera Felicidad..

El amor, por otra parte es expansivo, y logra en milagro del placer y de la felicidad no solo en individuos aislados sino que, con el "efecto mariposa", se abre en círculos cada vez más amplios y contagia a otros seres humanos y contribuye a la deseada, a la deseada y necesaria para la supervivencia humana, la anhelada con ilusión cósmica, la anhelada y ansiada armonía UNIVERSAL.

En definitiva, para esto estamos los psicólogos: para alentar el aleteo de la mariposa y promover el AMOR UNIVERSAL.

Y como colofón quería a leeros un poema breve que evidencia cómo el amor, desde sus fuentes subterráneas del cerebro y de las glándulas, puede ir ascendiendo y realizándose en esferas progresivamente superiores de la mente hasta integrarse en los ámbitos místicos del espíritu….

El Poema de Juan Ramón Jiménez. de *Diario de un poeta reciencasado*, escrito, como saben, en la travesía trasatlántica del regreso a España, después de haber contraído matrimonio en Nueva York con Zenobia Camprubí Aymar, cuya risa, la risa clara de Zenobia, lo había enamorado mucho antes, incluso antes de conocerla, su risa, escuchada a través de las paredes de un piso de la calle Villanueva del barrio de Salamanca de Madrid.

Es otra historia. Pero esa risa, la risa de una desconocida entonces ("la americanita" la llamaban en Madrid) fue la señal que captó el cerebro del poesta fue la señal que captó el cerebro del poeta, lo dejó enamorado y embelesado, emborrachado de endorfinas y oxitocinas, y lo fue orientando hasta el encuentro con Zenobia, la que llegó a ser el complemento humano y espiritual de su plenitud artística personal, y de una auto-realización personal compartida y vivenciada entre ambos, con un amor permanentemente avivado y alimentado, a pesar de todas las tristezas y adversidades de la enfermedad y el exilio, hasta que la muerte le puso fin.

El poema, como veréis, revela el paso de un orden a otro del enamoramiento y del amor. Con él termino.

Cuando, dormida tú, me echo en tu alma,
y escucho, con mi oído en tu pecho desnudo,
tu corazón tranquilo, me parece
que, en su latir hondo, sorprendo
el secreto del centro del mundo.

Me parece
Que legiones de ángeles,
en caballos celestes
-como cuando, en la alta noche, escuchamos,
sin aliento y el oído en tierra,
trotes distantes que no llegan nunca-,
que legiones de ángeles vienen por ti,
de lejos, -como los Reyes Magos,

al nacimiento eterno

de nuestro amor-,

vienen por ti, de lejos,

a traerme, en tu ensueño,

el secreto

del centro del cielo.

CUARTA CONFERENCIA

LA TERAPIA PSICOLÓGICA: "SANACIÓN" POR EL ESPÍRITU

Pensé poner como posible título de esta conferencia: El Diálogo Terapéutico, o La Terapia Psicológica. Y alguien me propuso otro título: *La Sanación por el Espíritu,* por una razón que no voy a decir ahora, pero que irá quedando clarificada a través de la conferencia.

Comienzo la conferencia declarando haber comprobado, tantas veces, en mi particular laboratorio psicológico, mi consulta profesional, haber comprobado, digo, eso por otra parte tan sabido y repetido de cómo el proceso de la vida es como una larga caminata, o como la corriente de un río, "nuestras vidas son los ríos, que van a dar a la mar...", del buen Jorge Manrique, un largo recorrido a veces angosto, incluso peligroso y difícil de recorrer, pero que va en la línea del crecimiento, de la maduración y la autorrealización más plena de sí mismo. Y que este proceso evolutivo hacia la propia perfección (que es el ideal humano propuesto por Kant: hacer cada persona de sí misma una obra de arte), es lo que constituye la esencia dinámica de la vida, de la misma manera que el proceso de la vida vegetal cursa desde la semilla germinada al árbol frutal y florecido.

Y he observado también que esa realización progresiva y paulatina de todas las potencialidades que cada persona alberga dentro de su genoma originario, hacia su plenitud floral y frutal, es lo que el ser psíquico experimenta como *La Felicidad*.

Pero también he comprobado y es verdad que, en este camino, a veces doloroso y a veces exultante, hacia la propia maduración y perfeccionamiento de nuestra persona, se producen retrasos, regresiones, perplejidades (*"¿adónde el camino irá...?"* de Machado), se producen desorientaciones, frustraciones, decepciones, bloqueos, desviaciones....Y esta experiencia vital es la que se traduce, también en tantos casos, como la sensación de *Infelicidad*.

Y la terapia psicológica, que se llama Psicoterapia (frente a la que practican los médicos, que es *somatoterapia* o *farmacoterapia*) consiste en ir descubriendo y reconociendo ese camino singular, el propio, el intransferible de cada persona (nadie lo puede recorrer en su lugar), y consiste también en reconducir la dirección tras cada uno de los inevitables desvaríos, y en aprender de los errores, y en alentar la marcha, y en propiciar el encuentro definitivo de la persona consigo misma y el ajuste permanente del propio equilibrio existencial...

Se ejerce la psicoterapia desde alguna de las variadas y múltiples técnicas específicas (conductista, analítica, sistémica, cognitiva, humanista...), pero que requieren siempre, cualquiera que sea la Escuela o el sistema terapéutico que se aplique, requieren acudir sistemáticamente a un lugar neutro, el gabinete del psicoterapeuta, para ver en la distancia las huellas del recorrido, para mirarse a sí mismo como en un espejo, para descubrirse y analizarse "objetivamente", igual que *Le Pétit Prince* observaba desde la minúscula estrella a su propio planeta, empequeñecido en la distancia (que simplemente tomando distancia, los males no se ven tan insuperables).

De esta manera, esa estrella distante, fuera del tiempo y del espacio, que es el despacho profesional de la terapia, se

107

convierte también en laboratorio donde se viene a analizar las muestras que cada persona va recogiendo de las huellas de su paso por el cada día de su vida. Y el psicoterapeuta o la psicoterapeuta le acompaña en su camino, y colabora a desarrollar o a recomponer estructuras cognitivas desde las que poder contemplarse renovadamente (a sí mismo y al mundo en el que a veces uno se pierde como Pulgarcito en el bosque aterrador), le estimula a rastrear nuevos caminos, a resolver problemas, a estructurar situaciones o a promover cambios.

El gabinete del psicoterapeuta es un espacio material y, al mismo tiempo, un taller espiritual donde se reparan disfunciones y donde se configura un sistema de estímulos verbales y no-verbales que tienen como finalidad promover el dinamismo de ese proceso de *auto-clarificación, auto-reconciliación, reconstrucción, superación...* que, siguiendo el hilo evolutivo de la vida, asegura el crecimiento hacia nuestra propia perfección humana. En definitiva, la Psicoterapia consiste, cualquiera que sea su técnica, en sintonizar con la pujanza de vida que bulle dentro de nosotros, para expansionarla al máximo de sus potencialidades, siguiendo su camino natural de expresión y de expansión pre-diseñado y programado genoma originario, para afirmarnos gozosamente, ilusionadamente, esperanzadamente, en la existencia. Y eso es, "humanamente hablando", como lo diría Blas de Otero, esto es la Felicidad.

La presencia profesional en situaciones personales de conflicto y desajuste, es una de las funciones que le corresponde al psicólogo clínico y psicoterapeuta en su inserción progresiva dentro de nuestras sociedades, en las que su imagen profesional quizás no esté todavía suficientemente reconocida y definida y todavía se le confunde, muchas veces, con otras profesiones o actividades con las que de algún modo se le emparente: con el médico, o con el sacerdote, el confesor, con el curandero, incluso con el mago...

El termino "terapéutico, empleado hasta bastante recientemente con exclusividad para definir la labor del medico, se aplica ya también a una de las actividades del psicólogo, cuando, a través del diálogo, colabora con personas en conflicto emocional al esclarecimiento del "sí- mismo" y a reconducir el proceso madurativo de su personalidad.

El encuentro interpersonal terapéutico es como una

aventura espeleológica. Lo he comparado con un largo viaje. Marchamos, entre recovecos y vericuetos, hacia las profundidades de la tierra, hacia el último fondo biológico del ser, donde se halla ,el fuego y el agua, las fuerzas primarias de la existencia, las reservas del espíritu y de la carne, las heridas profundas y la fragilidad terrenal, y los tesoros de la vida.

En este viaje espeleológico, la persona del terapeuta va a ser acompañante en el camino, y de algún modo va a reproducir al padre, o a la madre, a quien se ama, o se teme o se aborrece; a la persona complementaria a la que se intenta seducir amorosamente; a un objeto de admiración o de desprecio, o de burla, de chantaje, de ternura, de confianza o de hostilidad.

A este fenómeno es al que Freud denominó "transferencia". Cada persona transferirá a su terapeuta acompañante de ruta emociones que corresponden a otras personas que marcaron tal momento en el caminar evolutivo de su existencia. Y actuará frente a la persona del o de la terapeuta , y esperará de él o de ella, conforme a como organizó su situación frente a esas personas que marcaron su proceso evolutivo desde la infancia, revividas, re- presentadas, hechas presentes de nuevo en la imagen del psicólogo o de la psicóloga terapeuta.

Esta relación es real, existencial, simbólica; y es también razonable y emocional; y constituye el espacio, el enmarque donde se dialoga y donde se desarrolla y fundamenta la terapéutica psicológica.

Se la ha definido como la colaboración que se brinda a una persona determinada en el campo de la conducta, de las cogniciones y de las emociones para que pueda obtener una mayor comprensión de si misma y de su medio ambiente, y de este modo pueda modificar su comportamiento.

Reduciendo esta definición a sus elementos esenciales, podría quedar resumida así: Es una *relación dialogal en orden a una ayuda personal.*

El termino "dialogal" hace referencia a la *implicación psicológica* que tiene lugar en este encuentro, y que no puede reducirse, como en otros tipos de relación comunicativa, a una simple implicación temática.

Digo que es terapéutica, o mejor *psico-terapéutica*, - porque su objetivo no es responder a un problema concreto de la persona, ni administrarle soluciones prefabricadas, como en una especie de recetario *psico-mágico*. Se trata, como hemos dicho, de adentrarse con la persona hasta los profundos niveles motivacionales de su psiquismo, y desde allí ayudarle a integrar los elementos vitales desajustados y favorecer el proceso de los mecanismos biológicos constructivos de su personalidad.

Es la activación de estos mecanismos lo que nos capacita para enfrentar y superar responsablemente los propios problemas, lo que nos califica básicamente como personas sanas y maduras.

Vamos a hablar ahora de la dinámica motivacional:

La persona que se decide a emprender este camino hacia las profundidades de si mismo, hacia sus emociones, sus convicciones, sus secretos y sus vivencias más íntimas, acompañada por un psicólogo/a terapeuta, está sin duda impulsada por un importante dinamismo motivacional, junto el cual el psicólogo o la psicóloga , tendrá que desarrollar unas actitudes personales y unos comportamientos muy precisos y muy profesionales, que sirvan para revitalizar y canalizar ese dinamismo motivacional del paciente o de la paciente.

1. El primer componente de este dinamismo motivacional va a ser, sin duda, la *angustia*, la angustia derivada de esa situación o ese problema acuciante que le lleva a buscar ayuda psicológica.

El desajuste del psiquismo, causado por las tensiones conflictuales o frustrantes, han roto las represas de la ansiedad y de la angustia -esas reservas de energía psico-biológica que sirve para regular los riesgos del enfrentamiento con la existencia- y la persona se siente desbordada, inundado por sentimientos difusos y obsesionantes de temor, ansiedad, culpabilidad, insuficiencia, desconsuelo, apatía vital...

Mientras más se enfanga en la angustia de su propio conflicto, más consciente se hace de su separatividad de los demás, de su soledad radical, y mas necesitado de encontrar con quien compartirla.

Es un dinamismo motivacional que actúa en la línea del proceso evolutivo humano y que busca renovar vínculos existenciales. Ortega y Gasset, hablando en el tomo V de *El Espectador* de lo que él llama el *ser excéntrico,* el des-vinculado, el que ha hecho de su angustia existencial o de su propia autosuficiencia su eje y centro de gravitación, se pregunta *"qué es el amor sino hacer de otro nuestro centro y fundir nuestra perspectiva con la suya".*

En este sentido la actuación psicoterapéutica es un acto de amor, de amor esencialmente vinculante, desde el que el psicoterapeuta ha de desarrollar específicamente unas actitudes elementales de *acogida, de compañía, de empatía* (que es esencialmente esa fusión de perspectivas) y de *simpatía,* palabra que en su pleno sentido significa etimológicamente "com-pasión", identificación con el "pathos" de la persona a la que acoge y con la que se comunica.

El 2º componente motivacional es un sentimiento positivo: *la esperanza.* La esperanza de encontrar una solución al conflicto, o por lo menos, el alivio de su angustia y una luz para su estado confusional.

El sentimiento de esperanza tiene la virtualidad de crear una dinámica despierta, vigilante, de alerta, un puente entre un presente oscurecido, en el que la persona se ahoga, acuciada por un sufrimiento desesperanzador, y un futuro que empieza a ser también realidad gracias a ese sentimiento esperanzador de obtener la ayuda psicológica.

Frente a la operatividad de este sentimiento de esperanza, la actitud del terapeuta deberá servir de aliento y de movilización razonable de ese brote de esperanza, y, por supuesto, no bloquear ese dinamismo positivo con comportamientos inadecuados o frustrantes. Se podría presentar una lista completa de esos comportamientos inadecuados del psicoterapeuta. Me contento con sugerir algunos: mostrar desinterés, o distracciones, prisas, frialdad, desaliño, desorden, falsedad, evasividad, burla, pesimismo, malhumor...etc.

Pero, por otra parte, sería también estéril y contraindicado crear falsas esperanzas, mostrando un optimismo y una cordialidad artificiales.

Y quiero resaltar que, bajo todas las actitudes y expresiones gestuales y verbales con las que la persona se presenta a la sesión terapéutica, (angustia, tensión, negativismo, desconfianza, abatimiento, confusión...), por debajo de todo eso, subyace un dinamismo esperanzadoramente positivo: como los tropismos de las plantas, los recursos vitales del alma humana buscan laluz a través de tantas oscuridades interiores. Eso es lo que explica que haya acudido al psicoterapeuta, a paesar que hasta lo niegue de palabra, con el tantas veces escuchado "Yo sé que no tengo remedio", "esto es perder el tiempo", "no va a servir para nada"... Pero ha acudido a la psicoterapia, y esto supone que se ha activado un dinamismo positivo que es el que hace posible y eficaz la intervención psicológica.

El 3er componente de la dinámica motivacional que impulsa a una persona a buscar ayuda psicológica es un sentimiento de matiz estrictamente negativo: la *falta de confianza en los propios recursos mentales o emocionales: "ya no puedo más, he tocado fondo", "necesito ayuda profesional"*.

Frente a este sentimiento, para hacerlo positivamente operativo, el psicólogo terapeuta ha de *desarrollar comportamientos y actitudes que lo hagan digno de confianza.* Esto requerirá un continuo esfuerzo de superación personal y profesional, de preparación continua, que sirvan para garantizar ciertas condiciones elementales de la confianza: competencia intelectual y técnica, además de honestidad, autenticidad, secreto profesional, seriedad, madurez humana, etc.

4. Por ultimo, el cuarto componente motivacional que posibilita la eficacia del dialogo terapéutico es la *necesidad de descargar la tensión emocional,* acumulada por su estado de confusión conflictual y de la permanente frustración consecuente con la situación problemática.

La frase, tantas veces oída: "*Necesito contarle todo, desde el principio*", es la confirmación de que *la palabra no es solamente un vehículo de ideas*, sino sobre todo una manera de descargar los contenidos emocionales acumulados y estancados.

La actitud de escucha, de paciencia, de dejar hablar

"hasta desahogarse", es por si misma un remedio terapéutico elemental y operativamente válido.

A mediados del siglo pasado, se introdujeron en Nueva York, y en otros países (en Madrid los hay ahora) consultorios con personas especializadas exclusivamente en el oficio de escuchar. Tienen unos honorarios por hora y sus consultorios estaban siempre abarrotados de clientes. Estos profesionales no hacían la más mínima advertencia ni pronunciaban ninguna palabra. Se limitaban simplemente a escuchar.

Sirva esta referencia de consuelo y lenitivo a la ansiedad de muchos terapeutas que quisieran responder a cada uno de los confusos razonamientos del paciente con contra-réplicas ajustadas y con apelación a principios racionales apodícticos y convincentes, cuando lo que está buscando perentoriamente esa persona, es que la dejen hablar, desahogarse, descargar sus agobios y tensiones...

Los conflictos y trastornos de la personalidad suelen ser el resultado de procesos, en cuya base se encuentran actitudes inadecuadas y mecanismos comportamentales negativos, adoptados desde la primera infancia, por experiencias que la persona no supo manejar, y ante las que no encontró otro recurso que el de huir, o la de crear otros mecanismos y actitudes provisoriamente defensivas, que se han convertido en habituales y en permanentes recuros de actuación.

Quiero decir que la mayor parte de las veces los problemas y conflictos que padecemos no están montados sólo sobre elementos cognoscitivos, sino sobre elementos motivacionales y afectivos. *Es inútil, por tanto, intentar desmontar el conflicto solamente con la fuerza de los razonamientos.* Se hace mas bien necesario proporcionarle con la disponibilidad, la escucha y la paciencia, una *experiencia emocional liberadora* para que se decida a canalizar, de una manera mas adaptada y constructiva, sus impulsos y sus motivaciones existenciales.

El efecto de esta *psicocatarsis*, así se llama esta *experiencia emocionalmente correctiva y liberadora*, se manifiesta inmediatamente en

1º-*descongelamiento de las defensas* iniciales del

paciente y de sus mecanismos represores

2º- en la consecuente *relajación tónico–muscular,* que suele ir acompañada de sensación de alivio, postura distensionada, a veces llanto suave...

3º-también se produce un *ensanchamiento del campo de consciencia,* que permanecía estrechado hasta lo obsesionante por efecto de la crispación tensional,

4º - todo esto conlleva una *visión más serena y objetiva,* menos distorsionada, de su realidad conflictual y un conocimiento más realista y profundo de si mismo.

Para comprender mejor la función psico- liberadora de ese encuentro humano y de ese *diálogo verbal*, que constituye la trama de la relación terapéutica, quiero abundar en el *valor de la palabra* dentro de a situación terapéutica.

Comienzo afirmando que el psiquismo de la persona que se presenta emocionalmente desajustada funciona lo más frecuentemente como con un mecanismo de avería, cerrándose sobre un proceso mental repetitivo, reiterativo, como de disco rayado..., que le impide la expansión de su personalidad y la realización creativa de sus posibilidades auto-constructivas. Con lo cual se va sumergiendo progresivamente, vuelta a vuelta, en el torbellino de la de la ansiedad voraz y de angustia.

Y es esto así porque el hecho traumatizante ha quedado encerrado, por un estrechamiento auto-defensivo del campo de consciencia, en el esquema fijo de la *palabra interior*. Esta rumiación interior, este roe-roe obsesivo, condiciona reacciones emocionales y comportamentales determinadas, angustiosamente re-producidas, de cuyo vórtice es cada vez mas difícil emerger. Se explica por qué afirmó el filósofo Kierkegard que *"las enfermedades del alma son enfermedades del lenguaje"*.

Pero, al expresarse, en el diálogo terapéutico, con palabras exteriores intercambiadas con el terapeuta, *se rompe el molde interior obsesionante y reiterativo, el esquema mental fijo se relaja, y el campo de consciencia se flexibiliza y se ensancha.* Con lo cual, el hecho inicial traumatizante queda reenfocado mas serenamente , y puede matizarse, reestructurarse y adquirir una significación más objetiva, mas real, que le permitirá respuestas más adecuadas, más creativas

121

y mejor ajustadas para la posible solución de los problemas. Ya que, en esta situación, el conflicto subjetivo, vehiculado por el intercambio de palabras, se convierte como hemos dicho, en objeto exterior, el cual se puede   analizar, se puede dominar y asimilar, descargado de sus lastres emocionales perturbadores.

El papel asistencial del terapeuta le va a servir de *espejo en el que la persona paciente se contempla sistemáticamente en busca de su imagen real, y se descubre liberada de las deformaciones subjetivas que determinaban su crispación y su angustia.* y, sobre todo, en ser el compañero de camino en el *proceso re-integrativo de su personalidad.*

Esta experiencia vital de compañía, de vinculación humana, de comprensión, le devuelve al individuo -al que el conflicto emocional le había absorbido en un remolino desesperanzador de aislamiento y de soledad- le devuelve *la confianza en si y la seguridad existencial* para hacer frente a esos desencadenamientos tumultuosos de la angustia.

Así se explica lo que define un autor como objetivo de la terapia psicológica: dice que consiste en colaborar para que el paciente acceda a un grado de *libertad* y de *verdad* mayor que el que había experimentado hasta entonces. (G.Maurey)

En este sentido, la asistencia del psicoterapeuta no debe ser considerada como una *causa* de la cual se siga el *efecto* de la curación. Es mas bien un nuevo elemento que la persona, el caminante existencial, ha de integrar en su universo subjetivo, para dirigirse junto con el, en un largo viaje, entre vericuetos interiores, hacia los objetivos fundamentales de su vida.

Algo que aprendí en mis comienzos, de mis antiguos Maestros de La Sorbona, en París es que la finalidad de la Psicoterapia no es precisamente *curar* en el sentido medicinal de la palabra. La finalidad de la terapia psicológica es *que la persona se reconozca y se reencuentre a sí misma, que asuma las riendas y la dirección de su propio crecimiento, y que acceda a un mayor grado de libertad interior y de felicidad en una rearmonización consigo misma más ajustada y equilibradora.*

El enfermo, igual que toda persona, es un *ser en relación indesligable y permanente consigo mismo*. La verdadera enfermedad es que se desarmonice esa relación con su psico-cuerpo, que la persona se desgaje de sí misma, que abandone las riendas de su propia conducción.

Estar malo no consiste en no tener enfermedades, *estar malo* es no encontrarse a sí mismo, estar en armonía consigo mismo incluso en la propia enfermedad.

Estar malo es dejar de ser uno mismo, fagocitado por la enfermedad o por los trastornos de su mente.

Estar malo es también muchas veces, querer sacar partido a la enfermedad, rentabilizarla en el propio provecho y manipular a los demás con ella.

Por eso digo que la función del psicoterapeuta no es estrictamente la de *curar la enfermedad*, sino la de *sanar a la persona* y de *salvarla* del enfangamiento de sus enfermedades. Estoy recordando que la palabra Salud deriva de la latina *"Salus"* que significa también *Salvación*. Como en el cuento de aquel maestro del espíritu que padecía depresiones, antes de llegar en su itinerario espiritual a la cumbre de la Iluminación.

124

¿Qué has aprendido con la Iluminación?, le preguntaron sus discípulos. *Que sigo teniendo depresiones...pero que ya no me importa tener depresiones.* Estaba "salvado". Y aquí voy a responder a aquella cuestión que dejé abierta al principio, de por qué había pensado poner como título de esta conferencia *La sanación por el Espíritu"*. Y es porque un eminentísimo maestro de la psicología, el psiquiatra y filósofo suizo Karl Jasper, había definido la psicoterapia como *"el conjunto de técnicas y sistemas terapéuticos que intentan la sanación de la persona total, de su cuerpo y de su alma, a través del alma"*, a diferencia de la medicina que busca sanar las enfermedades de la persona a través del soma, del cuerpo.

Por eso he sostenido en esta conferencia que, en psicoterapia, lo importante no es curar los síntomas, que eso lo consiguen, a veces, las pastillas farmacéuticas... Lo importante es *que la persona movilice la expansión de las energías de su espíritu para su sanación total: para que se encuentre consigo misma, para que sepa autorregular sus impulsos y sus emociones, para que se armonice con su propia realidad psico-corporal*, incluso con la realidad fehaciente de su deficiencia y su enfermedad, en cuanto que la enfermedad y los padeceres son inherentes a la condición humana.

Comprendo que en muchas ocasiones se requiere un duro ejercicio de sinceridad y de honestidad para ser capaz uno de desmaquillarse y de contemplar su propia realidad, sin intentar escamotearla. Y estoy convencido de *que nadie es capaz de conocer a otra persona mejor de lo que ella puede llegar a conocerse a sí misma.* Y que a lo más que puede muchas veces llegar el psicoterapeuta, dentro de su ejercicio profesional, es a *hacer a veces de espejo,* y *otras veces de compañero de camin*o en ese largo *viaje hacia la realidad de uno mismo, hacia el propio reconocimiento y compromiso existencial,* dentro de la concreta parcela de vida que cada uno tiene delimitada.

La función de la psicoterapia, repito, no es tanto "curar", sino ese otro modo de sanación en el que, paciente y psicoterapeuta, abren cada uno su alma, y por medio de la palabra, que es la "mensajera del espíritu", dan suelta a esa energía espiritual que las almas albergan y cooperan juntos al fenómeno supremo de la rearmonización de un ser humano consigo mismo y con la vida...

Con razón dejó escrito Neruda que *"Muere lentamente*

/ quien se transforma en esclavo del hábito, / repitiendo todos los días / los mismos trayectos./

(...) que *"Muere lentamente / quién deja escapar un posible amor,/ con tal de no hacer el esfuerzo / para lograr que el amor crezca".*

que *"Muere lentamente /quien no viaja,/ quien no lee, /quien no oye música,/ quien no encuentra / gracia en si mismo"./*

(...)que *"Muere lentamente / quien destruye su amor propio* (su autoestima), */ quien no se deja ayudar". /*

que *"Muere lentamente, / quien pasa los días quejándose /de su mala suerte/ o de la lluvia incesante"./*

que *"Muere lentamente, /quien abandona / un proyecto antes de empezarlo,/*

quien no pregunta / acerca de un asunto que desconoce /o no responde /cuando le indagan sobre algo que sabe"

que muere lentamente quien no recuerda en todo momento *"que estar vivo / exige un esfuerzo / mucho mayor / que el simple hecho /de respirar".*

En resumen: que muere lentamente quien deja pasar la vida en la sombra, de espaldas a los maravillosos, a los espléndidos paisajes del Espíritu.

127

MEDITACIÓN FINAL

Jesús de Galilea, hoy,
como espacio de encuentro y experiencias.

Junto a las puertas de un monasterio budista, perdido entre las montañas de la cordillera del Himalaya, me han contado que hay una gran piedra, sobre la cual, grabado a cincel, se puede leer este enigma: ¿ que hay que hacer para una gota de agua no se seque? Dando la vuelta a la piedra, en su reverso, se puede leer la solución: ¿Que hay que hacer para una gota de agua no se seque? Dejarla caer en el mar...

Cada persona es para las demás personas con quienes interactúa un *espacio de experiencias*. El encuentro interpersonal conlleva siempre una experiecia cognitiva, sensitiva y emocional, debida a las imnumerables estimulaciones cruzadas que movilizan reacciones neuronales en el sistema límbico y en los sistemas prefrontales de cada sujeto humano en interacción. Recuerdo casi exactamente las palabras de Ernest Jünger en su *Diario de París*: El encuentro con un ser humano es siempre una aventura espeleológica, o como la de atravesar el Amazonas, el Himalaya o el Ganjes, que después de un largo recorrido vuelve uno lleno de riquezas y tesoros encontrados. También nos dice Jünger que, igual que el joyero graba en sus alajas sus sello, de la misma manera cualquier persona, en cuyo espacio de intimidad entramos, deja en nosotros su señal.

El filósofo existencial Gabriel Marcel nos dejó, en su *Diario Metafísico*, un excelente análisis de estas impregnaciones experienciales en nuestros encuentros intehumanos. Analizando las relaciones y encuentros entre un Tú y un Yo, afirma Marcel que *el Yo se reconoce en cuanto que hay un Tú que le confiere sentido y lo realiza* (le aporta la consciencia de ser real en la existencia). Y pone como ejemplo a la persona del médico: El médico en tanto es médico en cuanto está frente a un paciente en el acto de curar. Si el médico puede reconocer su Yo profesional es porque frente a él hay un Tú resonador, un paciente, que lo conforma y lo confirma como médico. Pero lo que quedará resonando en el paciente, tras de esa experiencia relacional, no será tanto lo que era esa persona o lo que le dijo, sino lo que le impregnó de comprensión, de seguridad, de esperanza, de recuperación de la illusion por la vida.

Esto que digo viene a ser lo mismo que desribe Lersch en su *Psicología Social* como "El sí-mismo del espejo". Y nada lo explica mejor que el pasaje de la *Creación del Hombre* que nos relata el libro de *El Génesis* de la Biblia. El relato de la Biblia, libro fundamental antropológico para la interpretación del ser humano en la existencia, lo expresa dramáticamente: Aquella presentación poética de los seis días de la creación. Dios fue creando el cielo, y los astros; separó las aguas de la tierra, surgieron los montes, los árboles; brotaron flores en el campo, volaron las aves, los pájaros...Y, al fin, creó al hombre "a su imagen y semejanza, soplándole por las narices un aliento vital". El planteamiento de Adán en la vida es de filosofía existencialista: se encontraba "solo", no encontraba "una ayuda correspondiente a él". Entonces Dios crea a la mujer, la pone delante de él, y Adán prorrumpe con una exclamación que expresa la autorrealización con el otro, el amor como comunicación, el reconocimiento del Tú como respuesta a la necesidad de liberación del desamparo, desde la experiencia de soledad existencial: "Esta sí que es carne de mi carne y cuerpo de mi cuerpo".

Está claro: en el reconocimiento y la aceptación de parte del "Tú" es donde cada uno, cada persona, aprende a decir

"Yo". El Sí-mismo del espejo.

Para Erich Fromm cualquier persona (cualquier Yo) puede ser decepcionante o admirable (para un Tú), dependiendo del posicionamiento ético en el que se coloque. Si el Yo se coloca en una perspectiva *narcisista*, "el otro", la "otra persona", el Tú, podrá ser decepcionante y despreciable. Pero si el Yo se coloca en una postura solidaria, empática y misericordiosa, siempre -y a pesar de todo- el Tú será admirable. Recordaré a Camús en el último párrafo de su novela *La peste*: *"El Dr. Rieux había llegado a la conclusión de que en cualquier persona hay siempre más cosas dignas de admiración que de desprecio"*. Y también recordaré a Sófocles en *Antígona: "Entre todas las maravillas, el hombre* (la persona) *es la maravilla mayor"*.

Aportaré también el testimonio del filósofo austriaco Martín Buber, cuando afirmó que el hecho fundamental de la existencia no es el hombre (el individuo, la persona) ni tampoco el conjunto de los individuos (la Humanidad), sino que lo que le da fundamento y dinamismo a la existencia es "el hombre-con el hombre". Es decir: la experiencia existencial de nuestro encuentro auto-realizador en un Nosotros.

Y añado lo que, en una ocasión, me confesó un

134

amigo: que la importancia de una persona no está en *lo que es*, ni siquiera en *lo que dice*, sino en *lo que transmite*, en como impregne nuestra relación con valores y emociones positivas, y con experiencias nutientes para funciones cognitivas y afectivas de nuestra mente.

Experiencias cotidianas esenciales:

A.- Desde la Psicología, y desde mi larga experimentación psicoterapéutica, tengo la convicción constatada de que la experiencia que le otorga plenitud de valor, de sentido y significación al espacio de la relación interpersonal, experiencia absolutamente ineludible para la supervivencia de la mente individual, y para su desarrollo, mantenimiento, expansión, así como para la realización de sus potencialidades, es –inequívocamente- la ***Experiencia del Amor***: La *experiencia de sentirse Reconocido, Aceptado, Protegido, Respetado, Comprendido, Acompañado, Apoyado, Querido, Amado…* "Esta sí que es carne de mi carne y cuerpo de mis cuerpo". Lo podría decir la madre, el hermano, el prójimo , el compañero, el socio, el amigo, el cónyuge… Cada verbo o sustantivo que he empleado expresan el Amor en sus distintos grados de manifestación y conformación. Y en todos se produce una integración entre el Yo y el Tú, una fusión simbiótica, una identificación de afectos y perspectivas, que da origen a una nueva entidad denominada NOSOTROS (*Del YO al NOSOTROS*" es una obra de Fritz Künkel, en la que estudia el desarrollo y la evolución del ser humano hasta la total realización de sus potencialidades como persona).

Dice el filósofo Carl Jasper: "Nadie es persona para sí misma como pura y simple singularidad; solamente en el *reconocimiento recíproco* surgimos los dos como nosotros mismos".

Junto a esta experiencia interpersonal del Amor, de sentir cada Yo el reconocimiento que todo ser humano necesita y merece como persona, hay -también desde la consideración psicológica y psicoterapéutica- otras dos experiencias también inexcusables, imprescindibles, para la supervivencia de la mente individual y para su posible desarrollo y expansión. Y ambas experiencias del Yo hacen siempre referencia a un Tú participante, que lo reconozca, lo acoja, lo apoye y lo valore:

Esta segunda experiencia es la **Experiencia de Utilidad**, de Productividad (el *Yo Productivo* de Erich Fromm), que responde a la *necesidad de sentirse útil*, de experimentar y saber que la expansión de las propias energías -mi trabajo, mi

136

esfuerzo- se canalizan hacia resultados productivos, beneficiosos para otras personas y, en definitiva, para la humanidad. Dijo alguien: "Ser hombre (ser persona humana) es estar convencido de que en cada piedra que ponemos estamos colaborando a la construcción del mundo". (Es esta la idea que quise reflejar en el título de mi libro *Construye tu pirámide*).

C.- A la tercera experiencia -que requiere también para su plena culminación el espacio interpersonal- la he llamado ***Experiencia de Significación***. Me refiero a la necesidad ineludible, indispensable para cada YO personal, de sentir y experimentar, que la propia vida tiene un sentido, que adquiere un significado existencial: Sentido y significado que justifica mis esfuerzos, que canaliza mis inquietudes, que orienta mis proyectos vitales, que determina mis valores: los valores que le dan peso y contenido a mi estar en la vida y a mi andar hacia la no-vida (muerte)... *El hombre en busca de sentido*, es el título del principal libro de Víctor Frankl que resume todo el contenido de su sistema de encuentro humano y espacio terapéutico llamado *Psicoterapia Existencial*.

Tenemos necesidad de comprender, de interpretar, de ir dando una significación a lo que nos rodea, a la vida, a la

137

muerte, a lo que queda detrás de sus fronteras, al dolor, al absurdo de tantos fenómenos que aparecen ante nuestros ojos en los Telediarios o frente nuestras mismas ventanas: personas, sucesos, la propia existencia, el actuar propio y de las demás personas, el pavoroso *misterio del mal* en nuestro mundo.

Esta es la *Experiencia de Significación*: la de reducir las incertidumbres y la desprotección existencia que conlleva el simple hecho de estar-en-la-vida. Todas las ideologías, las filosofías, las religiones, las ciencias, la cultura y el progreso, se pueden interpretar como el constante esfuerzo de la humanidad para ir dando respuesta a esta *Necesidad de Significación*. Pero sabemos que a las Ideología, los programas de significación, es necesario someterlos sistemáticamente a un proceso de revisión, para comprobar si estas "filosofías de la existencia" están siendo válidas aquí y ahora, en las circunstancias peculiares de cada momento histórico, y válidas para dar respuesta a la *Necesidad de Significación*, indispensable -reitero- para poder respirar en el ámbito vital que nos corresponde a cada persona, y para nuestro crecimiento psíquico. O si –por el contrario- están degenerando en una *noofagia* intoxicadora y desrealizadora, como lo denunció el poeta León Felipe:

138

"Yo no sé muchas cosas, es verdad / digo sólo lo que he visto. Y he visto:/ que la cuna del hombre la mecen con cuentos, / que los gritos de angustia del hombre / los ahogan con cuentos, / que el llanto del hombre lo taponan con cuentos / que los huesos del hombre los entierran con cuentos / y que el miedo del hombre....ha inventado todos los cuentos ...". Es un grito de protesta rebelde contra un sistema de significaciones oficializadas que no siempre responden a las autenticas necesidades del ser humano para su elemental seguridad y orientación vital en la existencia.

La misma adicción a las drogas y al alcohol, la interpreta Carlos Gustavo Jung, desde esa necesidad primordial del hombre de buscar significaciones existenciales, trascendiéndose del propio cuerpo. El alcohol se ha llamado bebida "espirituosa". El dios Dionisos del mundo clásico no es el dios de la embriaguez, sino el de la visión extática. El ser humano está hecho para transcenderse y visionar más allá de las respuestas materiales inmediatas. Y si no lo consigue por medios legítimos y autoconstructivos
-psicológicamente válidos y auto-realizadores-, lo buscará en experiencias mentales, viajes esotéricos, o aún por otros medios, a costa de su propia destrucción.

D.- He hablado de tres experiencias ineludibles para la supervivencia y el desarrollo de la mente individual, y para la construcción sólida y solidaria de la Comunidad Universal, sin la cual el proyecto humano no logrará sobrevivir. Son tres experiencias que dan respuesta y expresión a tres necesidades vitales irrevocables. Tres exigencias de nuestro organismo psíquico que nadie puede dispensar. Lo mismo que nuestro organismo físico, fisiológico, tiene sus exigencias irrenunciables, y por muchas privaciones que queramos imponerle (por ascetismo, por fakirismo, o por planes de estética y cosmética...) nunca podremos privarle de un minimum de alimento, o de sueño y descanso, o de aire para respirar... Este es el aire, el oxígeno, para la supervivencia del organismo psíquico y espiritual. Si le falta se irá asfixiando, se irá mustiando como las plantas a las que le falta el oxígeno en una habitación cerrada.

¿Conoces a Jesús?

Esta es una pregunta que me he hecho muchas veces, en distintas etapas y circunstancias de mi vida. Y a esta pregunta -

expresión de una profundamente humana inquietud existencial- he logrado darme tres respuestas:

1º- La **primera respuesta:** Jesús es para mí un espejo en el que me reconzoco. Lo recojo de los Evangelios, expresado con una convicción inquívoca: Jesús soy yo mismo cuando vivo penetrado por las Bienaventuranzas, y cuando me fusiono y me amaso por la misericrodia con cualquier Tú, dándole respuetas a sus necesidades, reconociendo la identidad de Jesús en mi Yo y en su Tú, y reificándonos (término tomado de la filosofía de Anna Arent) en un NOSOTROS, que lo hace permanentemente presente en nuestras vidas. "Donde estéis dos o más reunidos en mi nombre, yo me hago presente en vosotros".

Jesús somos todos nosotros, cada uno de nosotros, cuando vivimos y transmitimos esa experiencia vital en nuestras interrelaciones: al dar compañía a quien está en soledad, y amparo al desamparado, y alimento material o espiritual a quien lo hambrea, y asistencia al desprotegido… Cuando impregnamos nuestros espacios de relación humana con experiencias de protección, ayuda, amparo, caridad, solidaridad, comprensión, misericordia, estamos "vistiendo" de Jesús a nuestro Yo y convirtiendo en Jesús al Tú que participa conmigo en nuestro espacio existencial ("Con sola su figura/ vestidos los dejó de su hermosura", que cantó san Juan de la Cruz)

2ª **Segunda respuesta**: Desde una consideración histórica y antropológica, y desde las luces naturales de la razón, Jesús de Nazaret, fue un hombre como yo, con un organismo psico-somático en desarrollo por las diversas etapas del crecimiento, dotado de las mismas funciones fisiológicas, con una identidad personal reconocible , ubicado en un tiempo, una raza y en una geografía determinable, igual que yo mismo...

A mí me enseñaron desde niño -lo mismo que también sabia de sí el hombre Jesús de Nazaret- que yo había sido creado "a imagen y semejanza de Dios" y que mi alma es divina, tal como lo enseña la religión católica. Pero ese hombre (hombre como yo) llamado Jesús interiorizó de un modo especial y privilegiado la autoconsciencia de su divinidad, tanto que asumió la responsabilidad de identificarla con su personalidad así como la urgente misión de trasmitirla, utilizando la metáfora de Dios Padre y de Hijo de Dios... Y fue tan fiel a ese Ideal supremo desde su condición humana que, para testimoniarlo, entregó su vida, en la más dolorosa y absoluta identificación con la esencia terrenal de lo humano.

Ese es el ideal y modelo de realización humana y espiritual que he decidido seguir, con una progresiva autoconsciencia de mi filiación divinama y mi condición espiritual (entendiendo dimensión espiritual, no como un añadido a lo humano sino como la expresión más completa y plena de lo humano).

Me considero "Hijo de Dios" -como se autodefinió el el mismo Jesús- con el constante y acuciante sentimiento -humilde y autocrítico- de "responsabilidad" no cumplida. Porque sé que al mundo lo estamos creando permanentemente entre nosotros todos y que lo bueno o lo malo que nos sucede, y que pasa en cualquier parte del mundo, lo provocamos y lo decidimos nosotros los habitantes del planeta. Que no hay otro "dios" a quien echarle en cara responsabilidades, más que nosotros mismos…

Es por lo que, "revestido de Jesús", he decidido responsabilizarme en alargar su presencia a través de mis actos y mis palabras, intentando ser –dentro del ámbito experiencial de mi pequeña vida- una prolongación eficaz de su proyecto y de sus manos… Y aunque sea muy poco lo que lo que piense que puedo lograr por mi mismo, quiero ser consciente de que el leve aleteo de una mariposa puede desencadenar tempestades en alguna lejana parte del mundo.

3º- **Tercera respuesta**: Jesús es para mí un *espacio vital de experiencias*: "Yo soy el camino, la Verdad y la Vida", dijo de sí mismo. Y estas tres metáforas me proporcionan un espacio de experiencias que responden a esas tres necesidades vitales que he descrito como absolutamente ineludibles para la supervivencia mental de cualquier persona, y para el desarrollo, mantenimiento, expansión y realización de sus potencialidades psico-evolotivas: la *necesidad de Reconocimiento*, la *Necesidad de Producción* y la *Necesidad de Significación*.

Jesús es Vida, plenificada en el Amor, que me proporciona la experiencia del Amor Supremo en cada espacio de encuentro con cualquier persona, en quien yo reconozco su presencia y a quien extiendo -con mis actos y mis actitudes- su acción bienhechora.

Jesús es Camino: Con su vida, sus parábolas y sus bienaventuranzas me abre senderos de valores para mi propia realización personal y madurez humano-espiritual, motivando

144

mi esfuerzo, mi trabajo y mis "talentos" hacia una productividad solidaria, como buena semilla fructificadora, para la permanente construcción solidaria de la humanidad.

3º- *Jesús es Verdad*: Con su ejemplo, su palabra y su doctrina, impregna de consistencia y significación todos los aconteceres de mi vida, devolviendo sentido a la experiencia de fehaciente *desprotección existencial* por la frustrante constatación de mis radicales limitaciones y ante la consciencia, cada día acrecentada y aceptada, de mi transcendencia a la muerte.

Así es mis espacio de encuentro y mis experiencias con Jesús, y esto es lo que Jesús, el que existió hace más de dos mil años, me transmite.

Así es como entiendo la respuesta a aquel enigma de la piedra de los montes del Himalaya: ¿Qué harías para que la gota de agua no se seque? Dejarla caer en el mar...

FERNANDO JIMÉNEZ HERNÁNDEZ-PINZÓN

Nacido en Sevilla. Doctor en Filosofía y Ciencias de la Educación por la Universidad Complutense de Madrid, Doctor en Filosofía por la Universidad del Paraguay, Licenciado en Filosofía y Letras por la Universidad Complutense, Licenciado en Psicología por la Universidad de Sevilla, Licenciado en Teología, Diplomado Superior en Psicología Clínica y en Grafopsicología. Ha realizado estudios especializados de Psicopatología, Psicoterapia y Psicoanálisis en la Universidad de la Sorbona de París. Ha sido profesor de Psicología en la Universidad del Paraguay, en la Facultad de Económicas y Empresariales de Córdoba, y en la Escuela Universitaria de Formación del Profesorado de Córdoba. En esta ciudad realiza actualmente su actividad profesional de Psicólogo Clínico y Psicoterapeuta. Ha sido miembro del Centro de Estudio y Aplicación del Psicoanálisis de Madrid, integrado en la F.E.A.P. Federación Española de Asociaciones de Psicoterapia, y de la Sección de Psicoanálisis de la "American Psycholigical Association". Es Presidente de Honor de la AEPA "Asociación Española de Psicología Adleriana".

Ha impartido numerosos cursos, seminarios y conferencias, en España y en el extrajero, sobre temas de Psicología educativa, Dinámica de Grupos, Psicoterapia, Psicoanálisis y también sobre temas de Literatura.

Premio Zenobia Camprubí" por su trabajo "Dios deseado y deseante, último libro de Juan Ramón Jiménez", finalista al I PREMIO DE NARRATIVA DE LA XV FERIA DEL LIBRO DE ALMERIA por su poema-relato "La viña florecida", Finalista al XXX PREMIO MUNDIAL DE POESÍA MÍSTICA *FERNANDO RIELO* por su poemario "Si por vosotros ha pasado", y FINALISTA AL XXXIV PREMIO MUNDIAL DE POESÍA MÍSTICA *FERNANDO RIELO*, por su poemario "Contemplación para alcanzar amor". Es Académico correspondiente por Moguer de la **Real Academia de Buenas Letras, Ciencias y Nobles Artes** de Córdoba y Presidente de honor de AEPA, Asociación Española de Psicología Adleriana.

OTRAS OBRAS DE FERNANDO JIMÉNEZ H.-PINZÓN

"La Comunicación Interpersonal" (3 ediciones) , Ed. ICCE, Madrid
"Técnicas Psicológicas de Asesoramiento y Relación de Ayuda", Ed. Narcea, Madrid.

"Viajes hacia uno mismo" (2 ediciones), Ed. Desclée de Brouwer, colección Serendípity, Bilbao.

"Seminario de Comunicación y Creatividad" Publicaciones del I.C.E. de la Universidad de Córdoba.

"La Fantasía como Terapia de la Personalidad" (2 ediciones) Ed. Desclée de Brouwer, colección Serendípity, Bilbao.

"A corazón abierto" Ed. Desclée de Brouwer, colección Serendípity, Bilbao.

"Psicoanálisis para educar mejor", Ed. Desclée de Brouwer, colección Serendípity, Bilbao.

"Complejo de Inferioridad. Enfoque terapéutico y psicoeducativo" (Compendio de la Psicología Individual de Alfred Adler) Editorial La Buganville, Barcelona.

"La viña florecida" (poema-relato) Ed. BmmC, Málaga.

"Valores para vivir y crecer" Ed. San Pablo, Madrid.

"Animal de deseos", Editorial Deauno.com, Buenos Aires.

"Anna, mi amiga" (Ensayo biográfico novelado sobre la hija del fundador del Psicoanálisis) Editorial Libros En Red, Argentina.

"Sigmund Freud. Biografía de un deseo", Editorial Libros En Red, Buenos Aires.

"Juan Ramón Jiménez, un dios desconocido", Editorial Deauno.com, Buenos Aires.

"La voz del viento: Cuaderno de recuerdos y añoranzas)" (Poemas) Edición privada.

"La Práctica del Consejo Psicológico (según los principios y metodología del *Counseling* de Carl Rogers"), Editorial ECU, Alicante.

"Tu Personalidad es tu Escritura", Editorial Club Universitario- ECU, Alicante.

"Construye tu pirámide", rd editores. Sevilla.

"Por el Laberinto del Minotauro (Claves del Psicoanálisis para entender el funcionamiento mental y sus perturbaciones)", Editorial Deauno.com, Buenos Aires.

"Un porqué para vivir", Editorial Deauno.com, Buenos Aires.

"Encuentros en el Ágora", coautor: José Mª Carrascosa. Editorial Deauno.com, Buenos Aires.

"Por los antiguos surcos", coautor: José Mª Carrascosa. Editorial Deauno.com, Buenos Aires.

"Cartas de Zenobia o el vuelo de un hada", Editorial Club Universitario-ECU, Alicante.

"En la arboleda de los sueños (La aventura de leer)", coautor: Julia Victoria Jiménez Vacas Editorial Club Universitario- ECU, Alicante.

"Los colores del agua (Diálogo a tres bandas)", coautor:es José Mª Carrascosa y Antonio Espinosa. Editorial Deauno.com, Buenos Aires.

"Microrrelatos históricos", Imcrea editorial, Badajoz

"Anna Freud, una mujer y un destino", coautor: Julia Victoria Jiménez Vacas Editorial Club Universitario- ECU, Alicante.

"Acabarás teniendo alas (Microrrelatos)", Editorial Club Universitario-ECU, Alicante.

"Cada día, una vida", Editorial Bubok (digital)

"Del amor y la vida (microensayos para pensar, crecer y soñar)", Editorial Lulú (digital)

"Conferencias de psicología y literatura", Editorial Lulú (digital)

"Dios está azul", Imcrea editorial, Badajoz

"En el amor y el mito" (poesía), Editorial (digital).

"Si oyes la voz del viento", Editorial Blurb (digital)

"Igual si fuera un sueño" (poesía), Editorial Blurb) (digital)

"Seminario de recursos psicoterapéuticos", Editorial Lulú (digital)

"Taller: Estructura y dinamismo de la personalidad", Editorial Lulú (digital)

"Taller de crecimiento personal: Tu "Yo" y su Sombra", Editorial Lulú (digital)

"Diario íntimo de un psicoterapeuta", Editorial Lulú (digital)

"Freud: las claves del deseo", Editorial Bubok (digital)

"Taller de *Focusing*", Editorial Lulú (digital)

"Taller de Psicoanálisis y educación" Editorial Lulú (digital)

"Taller de Psicología Individual de Adler", Editorial Lulú (digital)

Taller de Lingüística y Psicología, . Editorial Lulú (digital)

Curso de Introducción a la Psicoterapia Dinámica y Humanística, . Editorial Lulú (digital)

Prácticas psicológicas para conocernos y triunfar,   Editorial Lulú (digital)

Test Grafológico (Método de aplicación directa), Editorial Lulú (digital)

LA FORMACIÓN DEL PSICOTERAPEUTA. Curso de Counseling y Psicoterapia, Editorial Lulú (digital)

Taller de Psicodiagnóstico: La interpretación de las "Manchas de tinta", según el Z-Test, Editorial Lulú (digital)

"Test Grafológico (Método de aplicación directa)", Editorial Lulú (digital)

"Curso-Taller de ANÁLISIS TRANSACCIONAL". Editorial Lulú (digital)

"Diario de estío, con hojas del otoño". Editorial Lulú (digital)

"Dos conferencias sobre el amor". Editorial Lulú (digital)

Taller de Psicopatología para psicólogos. Editorial Lulú (digital)

"De amor, mitología y pensamiento". Editorial Lulú (digital)

"Individualismo Solidario". Editorial Lulú (digital)

"Tres conferencias sobre Freud: Las claves del deseo".Editorial Lulú (digital)

"Ejercicios Espirituales y Psicoterapia". Ed. Lulú (Digital)

"Los ríos sonorosos (Divagaciones sobre arte, belleza y poesía)". Ed. Lulú (digital)

"Ignacio de Loyola, PSICOLOGÍA Y ESPIRITUALIDAD" (Cinco conferencias), Ed. Lulú (digital).

"Cuando la luz se enturbia (Diario de un psicoterapeuta)", Ed. Lulú (digital).

"Psicología y Espiritualidad en la Obra de Juan Ramón Jiménez (Seis conferencias)", Ed. Lulú (digital).

Made in the USA
Las Vegas, NV
31 May 2025

22975342R00085